新 H S K / 통 번 역 대 입 시 / 임 용 시 험 / 한 권 으 로 끝 낸 다

중국어 어법의 끝

다른 책은 필요 없다!

최용희 지음

JPLUS
Language Publishing Co.

저자

최용희

中国 吉林大学 중문과 석사 졸업
고려대학교 중문과 박사 수료
前 中国 光机大学 한국어과 외국인교수
　차이나로 중국어학원 전임강사
　고려대학교, 숭의여대 강사
　LG화학 중국어회화 강사

초판발행　　2012월 7월 20일

저자　　　　최용희
발행인　　　이기선
발행처　　　제이플러스
주소　　　　서울시 마포구 월드컵로 31길 62
전화　　　　02-332-8320
팩스　　　　02-332-8321
등록번호　　제10-1680호
등록일자　　1998년 12월 9일
홈페이지　　www.jplus114.com
ISBN　　　978-89-94632-69-8

편집　　　　김효선 여정애
디자인　　　한민혜
마케팅　　　김흥태

값 13,000원

둘째 아이를 임신하여 한껏 부풀어오른 배를 안고 이 책을 집필하던 게 엊그제 같은데, 그 아이가 벌써 걸어 다니고 제법 잘 재잘거리고 있다. 이 책이 출판된다고 하니 내 아이가 세상에 나오기를 기다리던 때처럼 기쁘기도 하고 설레기도 한다. 뱃속에 있던 내 아이가 저렇게 잘 자라준 것처럼, 많은 이들에게 이 책이 소중한 거름이 되어 중국어 실력이 쑥쑥 자라기를 간절히 소망한다.

중국어를 공부한지 어언 20여 년이 되어가는 즈음, 중국어를 배우는 학생들에게 도움이 되고 싶어, 조심스럽게 이 책을 집필하였다. 흔히들 성인이 되어 외국어를 배우게 되면 가장 어려운 것이 발음과 어법이라고들 생각한다.

특히 어법은 많은 이들에게 흥미보다는 부담으로 다가오는 것 또한 사실이다.

하지만 어법은 절대 단순한 암기는 아니다. 특히 중국어 어법은 반드시 많은 문장을 머리 속에 담아두고 있어야만 비로소 어법이 빛을 발하게 된다. 따라서 어법에 너무 부담을 갖기보다는, 먼저 문장을 많이 익혀두는 것이 중요하다.

어렵고 긴 문장만을 익히라는 것이 아니라, 쉽고 간결하더라도 여러 문장을 많이 보는 것이 도움이 된다. 이러한 이유로 이 책에는 되도록 쉬운 예문을 많이 담고자 노력했으며, 가능한 어법을 쉽게 풀어주려 노력했다.

학생들에게 어법이 필요한 이유는 회화를 잘하기 위해서일 것이다. 중국어 회화를 잘하기 위해서는 중국인들만의 습관어, 성어 등을 많이 아는 것이 큰 도움이 된다. 중국어 어법과 회화를 모두 잡을 수 있도록, 이 책에서는 각 단원이 끝날 때마다 재미있는 '대화'와 '성어'를 삽입하였다. 그 단원의 어법설명에 쓰인 단어들을 활용하여 이루어진 것들이므로, 단순히 그냥 넘기지 말고 앞에서 설명되었던 어법을 생각하며 응용해보면 재미있을 것이다.

그리고 HSK에 도움이 되도록 단원을 마치고 관련 문제들을 실어보았다. 문제들을 풀어가며 HSK 형식을 익히고, 배웠던 어법도 복습하는데 도움이 될 것이다.

마지막으로 지금까지 이끌어주신 여러 스승님들께 감사를 드리며, 원고를 잘 마감할 수 있도록 도와준 나의 소중한 남편과 사랑하는 아이들, 그리고 꼼꼼히 책을 편집해주신 김효선씨와 제이플러스 가족 여러분께도 감사의 마음을 전한다.

최용희

차례

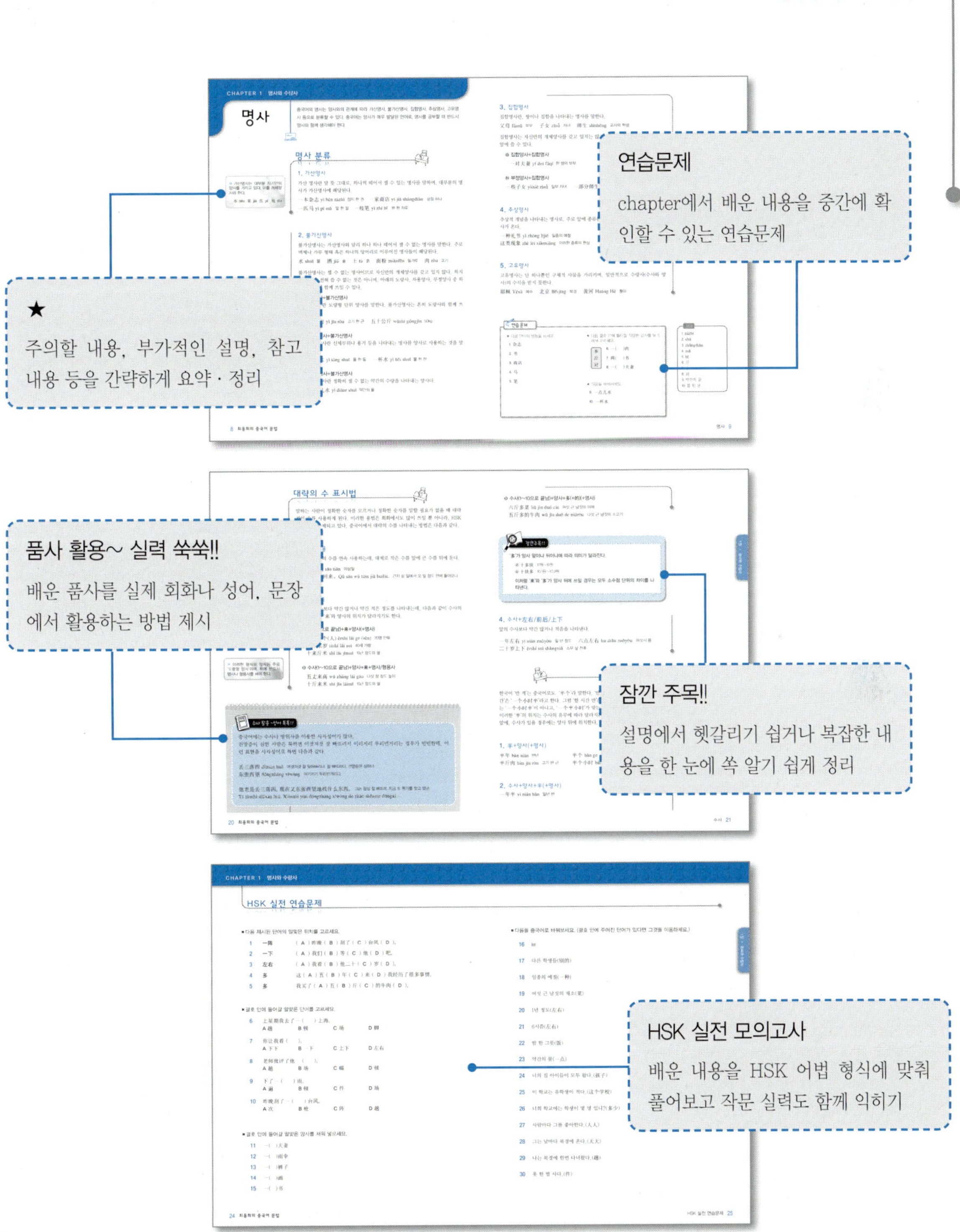

연습문제

chapter에서 배운 내용을 중간에 확인할 수 있는 연습문제

★

주의할 내용, 부가적인 설명, 참고 내용 등을 간략하게 요약·정리

품사 활용~ 실력 쑥쑥!!

배운 품사를 실제 회화나 성어, 문장에서 활용하는 방법 제시

잠깐 주목!!

설명에서 헷갈리기 쉽거나 복잡한 내용을 한 눈에 쏙 알기 쉽게 정리

HSK 실전 모의고사

배운 내용을 HSK 어법 형식에 맞춰 풀어보고 작문 실력도 함께 익히기

CHAPTER 1

명사와 수량사

명사 

중국어의 명사는 양사와의 관계에 따라 가산명사, 불가산명사, 집합명사, 추상명사, 고유명사 등으로 분류할 수 있다. 중국어는 양사가 매우 발달된 언어로, 명사를 공부할 때 반드시 양사와 함께 생각해야 한다.

명사 분류

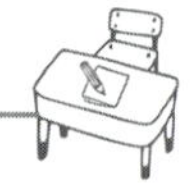

1. 가산명사

> ✿ 가산명사는 대부분 자기만의 양사를 가지고 있다. 이를 개체양사라 한다.
>
> 本 běn　家 jiā　匹 pǐ　枝 zhī

가산 명사란 말 뜻 그대로, 하나씩 떼어서 셀 수 있는 명사를 말하며, 대부분의 명사가 가산명사에 해당된다. 명사 앞에는 보통 수량사(수사+양사)가 온다.

一本杂志 yì běn zázhì 잡지 한 권　　一家商店 yì jiā shāngdiàn 상점 하나

一匹马 yì pǐ mǎ 말 한 필　　一枝笔 yì zhī bǐ 펜 한 자루

2. 불가산명사

불가산명사는 가산명사와 달리 하나 하나 떼어서 셀 수 없는 명사를 말한다. 주로 액체나 가루 형태 혹은 하나의 덩어리로 이루어진 명사들이 해당된다.

水 shuǐ 물　　酒 jiǔ 술　　土 tǔ 흙　　面粉 miànfěn 밀가루　　肉 ròu 고기

불가산명사는 셀 수 없는 명사이므로 자신만의 개체양사를 갖고 있지 않다. 하지만 양사를 전혀 쓸 수 없는 것은 아니며, 아래의 도량사, 차용양사, 부정양사 중 하나를 선택해 함께 쓰일 수 있다.

> ✿ 도량사　　　　　　p14 참조
>
> 斤 jīn 근, 尺 chǐ 척, 寸 cùn 촌, 斗 dǒu 말, 里 lǐ 리, 公斤 gōngjīn kg
>
> ✿ 차용양사　　　　　p15 참조
>
> 碗 wǎn 그릇, 口袋 kǒudài 봉투, 桶 tǒng 통, 杯 bēi 잔
>
> ✿ 부정양사　　　　　p14 참조
>
> (一)点儿 (yì)diǎnr 약간, (一)些 (yì)xiē 약간

❶ 도량사+불가산명사

도량사란 도량형 단위 양사를 말한다. 불가산명사는 흔히 도량사와 함께 쓰인다.

一斤肉 yì jīn ròu 고기 한 근　　五十公斤 wǔshí gōngjīn 50kg

❷ 차용양사+불가산명사

차용양사란 신체부위나 용기 등을 나타내는 명사를 양사로 빌려 사용하는 것을 말한다.

一桶水 yì tǒng shuǐ 물 한 통　　一杯水 yì bēi shuǐ 물 한 잔

❸ 부정양사+불가산명사

부정양사란 정확히 셀 수 없는 약간의 수량을 나타내는 양사다.

一点儿水 yì diǎnr shuǐ 약간의 물

3. 집합명사

집합명사란, 쌍이나 집합을 나타내는 명사를 말한다.

父母 fùmǔ 부모   子女 zǐnǚ 자녀   师生 shīshēng 교사와 학생

집합명사는 자신만의 개체양사를 갖고 있지는 않지만, 집합양사나 부정양사 등을 앞에 쓸 수 있다.

❶ 집합양사+집합명사

一对夫妻 yí duì fūqī 한 쌍의 부부

❷ 부정양사+집합명사

一些子女 yìxiē zǐnǚ 일부 자녀   一部分师生 yí bùfēn shīshēng 일부 교사와 학생

> ✿ 집합양사 　　　　p15 참조
> 쌍이나 집단을 나타내는 양사

4. 추상명사

추상적 개념을 나타내는 명사로, 앞에 종류를 의미하는 양사 '种, 类' 등이 올 수 있다.

一种礼节 yì zhǒng lǐjié 일종의 예절
这类现象 zhè lèi xiànxiàng 이러한 종류의 현상

5. 고유명사

고유명사는 단 하나뿐인 구체적 사물을 가리키며, 일반적으로 수량사(수사와 양사)의 수식을 받지 못한다.

耶稣 Yēsū 예수   北京 Běijīng 북경   黄河 Huáng Hé 황하

✎ 연습 문제

■ 다음 단어의 병음을 쓰세요.

1. 杂志

2. 书

3. 商店

4. 马

5. 笔

■ 다음 괄호 안에 들어갈 적당한 양사를 보기에서 고르세요.

| 本
斤
对 |

6. 一(　)肉

7. 两(　)书

8. 一(　)夫妻

■ 다음을 해석하세요.

9. 一点儿水

10. 一杯水

정답

1. zázhì
2. shū
3. shāngdiàn
4. mǎ
5. bǐ
6. 斤
7. 本
8. 对
9. 약간의 물
10. 물 한 잔

명사의 문법 특징

1. 수식

명사의 수식어는 '수식어+명사' 형식으로 명사 앞에 위치한다.

❶ 수량사+명사

一个人 yí ge rén 한 사람   两本书 liǎng běn shū 책 두 권

❷ 형용사구+的+명사

很漂亮的姑娘 hěn piàoliang de gūniang   예쁜 아가씨

❸ 동사구+的+명사

你吃的菜 nǐ chī de cài 네가 먹은 음식

❹ 지시대명사+的+명사

他的书 tā de shū 그의 책   那件事 nà jiàn shì 그 일

❺ 명사+的+명사

姑娘的手 gūniang de shǒu 아가씨의 손

2. 명사 술어문

문장의 서술어는 보통 동사와 형용사가 담당하며, 'A是B(A는 B이다)'에서 서술어는 동사 '是'이다. 그런데 간혹 '是'가 생략되고 명사가 직접 서술어가 되는 경우가 있는데, 이것이 바로 '명사 술어문'이다.

❶ 명사 술어문의 조건

모든 명사가 직접 서술어로 쓰일 수 있는 것은 아니며, '시간, 국적(본적), 나이, 수량'을 나타내는 명사만 가능하다.

[시간] 现在八点。Xiànzài bā diǎn. 지금 8시야.

[국적] 我韩国人。Wǒ Hánguórén. 난 한국인이야.

❷ 명사 술어문의 부정형

명사술어문은 명사 앞에 '是'가 생략된 것으로, 명사술어문의 부정형은 반드시 '不是+명사' 형식으로 써야 하는 것에 주의한다.

现在不是八点。Xiànzài bú shì bā diǎn. 지금 8시가 아니야.

我不是韩国人。Wǒ bú shì Hánguórén. 난 한국인이 아니야.

3. 중첩이 가능한 일부 명사

일부 명사는 중첩이 가능하며, 이 경우 '예외 없이 모두'의 의미를 나타낸다.

天天 tiāntiān 매일   人人 rénrén 모든 사람
家家 jiājiā 집집마다   年年 niánnián 해마다

중첩된 명사는 '모두'의 의미를 나타내므로, 중첩한 명사 뒤에는 주로 부사 '都'가 온다.

人人都喜欢他。 Rénrén dōu xǐhuan tā. 사람들은 모두 그를 좋아한다.
他天天都来北京。 Tā tiāntiān dōu lái Běijīng. 그는 날마다 북경에 온다.

4. 명사의 복수형

❶ 구체적 수량을 나타내는 명사의 복수형

● 수량사+명사

两本书 liǎng běn shū 책 두 권   三个人 sān ge rén 세 사람
四个朋友 sì ge péngyou 친구 네 명

❷ 불확실한 수량을 나타내는 명사의 복수형

● 사람 명사+'们'

人们 rénmen 사람들   朋友们 péngyoumen 친구들
孩子们 háizimen 아이들   老师们 lǎoshīmen 선생님들

● '부정양사/很多/很少'+명사

一些商品 yìxiē shāngpǐn 일부 상품   很多孩子 hěn duō háizi 많은 아이들
很少学校 hěn shǎo xuéxiào 적은 학교들

잠깐주목!!

'们'을 쓸 수 없는 경우

❶ 수량사+명사

三个学生们 (✕)   三个学生 세 학생 (○)

❷ 부정양사(一些, 一部分)+명사

这些学生们 (✕)   这些学生 이 학생들 (○)

❸ 很多/很少/别的/其他+명사

很多人们 (✕)   很多人 많은 사람들 (○)
别的学生们 (✕)   别的学生 다른 학생들 (○)
其他学生们 (✕)   其他学生 나머지 학생들 (○)

연습 문제

■ 다음 단어의 병음을 쓰세요.

1. 一些商品

2. 很多孩子

3. 很少学校

■ 다음 문장이 맞으면 O, 틀리면 X 하세요.

6. 他喜欢人人。　　　　　( )

7. 别的学生们都来了。　　( )

8. 他天天都来北京。　　　( )

■ 다음 명사술어문을 부정문으로 바꾸세요.

4. 现在八点。

5. 我韩国人。

■ 다음을 해석하세요.

9. 其他学生

10. 那些学生都是中国人。

명사 활용~ 회화 쑥쑥!!

중국에서는 인터넷 용어로 못생긴 여자를 '恐龙 kǒnglóng 공룡'이라고 하며, 못생긴 남자는 '青蛙 qīngwā 청개구리'라고 부른다.
하지만 상대방을 앞에 두고 직접 이런 호칭을 쓴다면 커다란 실례가 된다는 것을 잊지 말자!

A: 气死我了，我朋友说我是个恐龙。 속상해. 내 친구가 나보고 공룡이래.
　　Qìsǐ wǒ le, wǒ péngyou shuō wǒ shì ge kǒnglóng.

B: 叫你恐龙？这是什么意思？ 너한테 공룡이라니? 무슨 뜻이야?
　　Jiào nǐ kǒnglóng? Zhè shì shénme yìsi?

A: 难道你还不知道吗？ 中国人把丑女叫恐龙，把丑男叫青蛙。
　　Nándào nǐ hái bù zhīdào ma? Zhōngguórén bǎ chǒunǚ jiào kǒnglóng, bǎ chǒunán jiào qīngwā.
　　설마 너 아직 모르는 거야? 중국인들은 추녀를 공룡. 추남을 청개구리라고 부르잖아.

양사

양사는 크게 명사와 관련된 명량사와 동사와 관련된 동량사로 나눌 수 있다.

명량사

명량사란 명사를 세는 양사를 말하며, 다시 다음과 같이 나눌 수 있다.

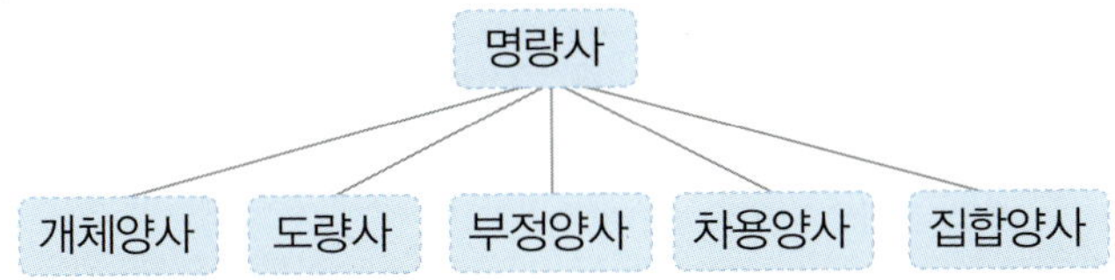

1. 개체양사

가산명사에 쓰이는 양사를 말한다.

양사		용법	명사
个	gè	거의 모든 명사에 쓸 수 있음	人 rén 사람, 问题 wèntí 문제, 香蕉 xiāngjiāo 바나나
把	bǎ	손잡이가 있는 물건	刀 dāo 칼, 斧子 fǔzi 도끼
层	céng	층을 이루는 것 (층, 겹)	楼 lóu 건물, 皮儿 pír 껍질
场	ⓐ chǎng	ⓐ 문화, 오락, 체육, 시험 등의 진행 횟수(번, 회, 차례)	ⓐ 电影 diànyǐng 영화, 比赛 bǐsài 시합, 考试 kǎoshì 시험
	ⓑ cháng	ⓑ 날씨, 재난, 농사 등의 경과 횟수	ⓑ 雨 yǔ 비, 雪 xuě 눈, 战争 zhànzhēng 전쟁, 病 bìng 병
道	dào	ⓐ 가늘고 긴 물건(줄기, 줄, 가닥)	ⓐ 皱纹 zhòuwén 주름, 彩虹 cǎihóng 무지개
		ⓑ 요리, 문제	ⓑ 菜 cài 요리, 题 tí 문제
滴	dī	방울 지는 액체(방울)	汗 hàn 땀, 水 shuǐ 물, 眼泪 yǎnlèi 눈물
顶	dǐng	모자처럼 꼭지, 정수리가 있는 물건	帽子 màozi 모자, 蚊帐 wénzhàng 모기장
段	duàn	ⓐ 토막, 단락	ⓐ 铁丝 tiěsī 철사, 绳子 shéngzi 밧줄
		ⓑ 일정 시간, 여정의 한 부분	ⓑ 时间 shíjiān 시간, 路程 lùchéng 노정
		ⓒ 언어, 문자 등의 한 부분	ⓒ 话 huà 말, 文章 wénzhāng 글

堆	tuī	덩어리로 된 것, 쌓여있는 것(무더기, 더미)	草 cǎo 풀, 粮食 liángshi 식량, 垃圾 lājī 쓰레기
顿	dùn	끼니, 음식	饭 fàn 밥
垛	duǒ	꽃, 구름(송이, 떨기)	花 huā 꽃, 云 yún 구름
份	fèn	ⓐ 한 부분, 한 조를 이루는 물건	ⓐ 工作 gōngzuò 일, 礼物 lǐwù 선물
		ⓑ 신문, 잡지, 문서 등(부)	ⓑ 报纸 bàozhǐ 신문, 文件 wénjiàn 서류
封	fēng	편지 따위(통)	信 xìn 편지, 电报 diànbào 전보
幅	fú	그림, 천 따위(폭, 장)	画 huà 그림, 标语 biāoyǔ 표어
根	gēn	가늘고 긴 물건(대, 가닥, 개, 가치)	烟 yān 담배, 棍子 gùnzi 방망이, 针 zhēn 바늘, 头发 tóufa 머리카락
家	jiā	가정, 사업, 기업 등의 단위	公司 gōngsī 회사, 商店 shāngdiàn 상점
架	jià	조립되는 기계 등(대, 틀)	飞机 fēijī 비행기, 照相机 zhàoxiàngjī 카메라

2. 도량사

도량형의 단위를 나타내는 양사로 단위양사라고도 한다.

자주 쓰이는 단위양사

내용	양사	단위
길이	公里 gōnglǐ	km
	公尺 gōngchǐ / 米 mǐ	m
	公分 gōngfēn / 厘米 límǐ	cm
	毫米 háomǐ	mm
용량	(公)升 (gōng)shēng	ℓ
	毫升 háoshēng	mℓ
무게	吨 dūn	t
	公斤 gōngjīn	kg
	克 kè	g
면적	平方公里 píngfāng gōnglǐ	km²
	平方米 píngfāngmǐ	m²
	平方厘米 píngfāng límǐ	cm²

3. 부정양사

확정되지 않은 약간의 수량을 나타내는 양사를 말한다. 자주 쓰이는 부정양사로는 '(一)点儿', '(一)些' 등이 있다.

4. 차용양사

본래 명사인데 임시로 차용하여 쓰인 양사를 말한다.

一身汗 yì shēn hàn　온 몸에 땀　　一碗饭 yì wǎn fàn　밥 한 그릇
一口袋面 yì kǒu dàimiàn　밀가루 한 포대
一杯茶 yì bēi chá　차 한 컵　　　一瓶花 yì píng huā　꽃 한 병
一壶酒 yì hújiǔ　술 한 주전자

5. 집합양사

쌍이나 무리를 이루고 있는 사물에 쓰이는 양사이다.

对 duì	짝을 이루는 사람, 사물(쌍)	夫妻 fūqī, 男女 nánnǚ
副 fù	짝을 이루는 물건(벌, 켤레)	手套 shǒutào, 眼镜 yǎnjìng, 耳环 ěrhuán
批 pī	한데 모인 것	人 rén, 货 huò
群 qún	무리	人 rén, 孩子 háizi
双 shuāng	몸에 입거나 쓰는 물건의 쌍	鞋 xié, 袜子 wàzi, 手 shǒu, 筷子 kuàizi
套 tào	세트	西服 xīfú

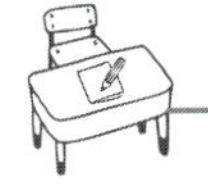

동량사

1. 동량사 분류

❶ 동량사

동량사는 동사 뒤에 와서 동작의 횟수를 나타내는 양사이다.

去一趟 qù yí tàng　한 번 다녀오다　　　看一次 kàn yí cì　한 번 보다
看一下 kàn yí xià　한 번 좀 보자

❷ 명사를 차용한 동량사

본래는 명사인데 동량사로 쓰이는 경우도 있다. 즉 명사를 차용하여 동량사로 쓰는 경우이다.

放一枪 fàng yì qiāng　총을 한 방 쏘다　　看一眼 kàn yì yǎn　한 번 보다
踢一脚 tī yì jiǎo　발로 한 번 차다

2. 동량사의 문법 특징

❶ 동태조사 '了', '过'의 위치

> 동사+了/过+동량사

看了一次 kànle yí cì 한 번 봤다   去了一趟北京 kànle yí cì 북경에 한 번 가봤다

✿ 동태조사 '了, 过'가 있는 경우 '了, 过'는 동사와 동량사 사이에 온다.

❷ 목적어와 동량사의 위치

✿ 목적어가 있는 경우 목적어의 종류에 따라 다음과 같이 동량사의 위치가 달라진다.

목적어 종류	'(수사+)동량사' 위치	예문
보통명사	V+(수사+)동량사+O	他听了三遍录音才听懂。 Tā tīngle sān biàn lùyīn cái tīngdǒng. 그는 녹음을 세 번이나 듣고 겨우 이해했다.
대명사	V+O+(수사+)동량사	我们等他一下吧。 Wǒmen děng tā yí xià ba 우리 그를 좀 기다리죠.
인명이나 지명	V+O+(수사+)동량사 V+(수사+)동량사+O	我去过中国一次。 Wǒ qùguo Zhōngguó yí cì. 我去过一次中国。 Wǒ qùguo yí cì Zhōngguó. 난 중국에 한 번 간 적 있다.

자주 쓰이는 동량사

✿ 동량사는 HSK의 단골손님이 기도 하다. 자주 쓰이는 동량사를 다음과 같이 정리했으니 꼭 알아 두자!

遍 biàn	같은 내용을 처음부터 끝까지 반복한 횟수	你看了几遍这本书？ Nǐ kànle jǐ biàn zhè běn shū? 넌 이 책을 몇 번 읽었니?
场 ⓐ chǎng ⓑ cháng	ⓐ 문예, 오락, 스포츠 등의 횟수	ⓐ 演出了五场。 　Yǎnchūle wǔ chǎng. 　다섯 차례 공연했다.
	ⓑ 자연현상이나 일의 경과 횟수	ⓑ 下了一场雨。 　Xiàle yì cháng yǔ. 　비가 한 차례 내렸다. 大哭一场。 　Dà kū yì cháng. 　한바탕 울다.
次 cì (=回 huí)	일반적인 동작의 횟수	这个餐厅我来过两次。 Zhège cāntīng wǒ láiguo liǎng cì. 이 식당 난 두 번 와봤다.
顿 dùn	식사, 질책, 권고의 횟수	老师批评了他一顿。 Lǎoshī pīpíngle tā yí dùn. 선생님이 그를 한차례 혼냈다.
番 fān	ⓐ 생각, 언어, 과정 등에 쓰임	ⓐ 那是他的一番好意。 　Nà shì tā de yì fān hǎoyì. 　그건 그의 호의이다.
	ⓑ 많은 시간과 힘을 들인 일	ⓑ 生了一番气。 　Shēngle yì fān qì. 　한바탕 화를 내다.

趟	tàng	왕복을 나타내는 횟수	上星期我去了一趟上海。 Shàngxīngqī wǒ qùle yí tàng Shànghǎi. 지난주 난 상해에 다녀왔다.
下	xià	짧은 시간, 가벼운 동작의 횟수	你让我看一下。 Nǐ ràng wǒ kàn yí xià. 나에게 좀 보여줄래.
阵	zhèn	연속되는 한 단락의 시간	昨晚刮了一阵台风。 Zuówǎn guāle yí zhèn táifēng. 어제 저녁 태풍이 한 차례 불었다.

연습 문제

■ 다음 양사의 병음을 쓰세요.

1. 顿

2. 位

3. 趟

4. 阵

■ 다음 명사의 양사를 쓰세요.

5. 书

6. 马

7. 山

■ 다음 괄호에 알맞은 동량사를 보기에서 골라 쓰세요.

> 遍　抢　趟

8. 我去了一(　　)北京。

나는 북경에 한번 다녀왔다.

9. 我看了两(　　)这本书。

나는 이 책을 두 번 읽었다.

10. 放了一(　　)。

총을 한 번 쐈다.

정답

1. dùn
2. wèi
3. tàng
4. zhèn
5. 本
6. 匹
7. 座
8. 趟
※ 동작의 왕복 횟수
9. 遍
※ 처음부터 끝까지의 내용을 담은 동작의 경과 횟수
10. 枪
※ '枪(총)'이라는 명사를 차용한 동량사

수사

중국어의 수사는 대체로 양사 없이 직접 명사를 수식할 수 없고, '수사+양사' 형태로 명사를 수식한다.

✿ '책 하나'를 영어로 'a book'이라 할 수 있지만, 중국어는 일반적으로 '一书'라고 하지 않고, 수사 앞에 책의 양사 '本'을 사용하여 '一本书'라고 한다.

잠깐주목!!

'책 한 권'이 중국어로 '一本书'라면, '책 두 권'은 '二本书'라고 할까?

답은 No!! 숫자 2는 '二'과 '两' 두 가지 표현이 있는데, '책 두 권'은 '两本书'라고 해야 맞다.
좀 더 구체적으로 '二'과 '两'의 차이를 알아보자!

❶ 二

- '일, 이, 삼…'과 같이 순서대로 수를 셀 때
  十二 shí'èr, 二十五 èrshíwǔ

- '第' 뒤에 와서 서수로 쓰일 때
  第二 dì èr,   第二次 dì èr cì

★숫자 '百, 千, 万, 亿'의 앞에서는 '二'과 '两'을 모두 사용할 수 있지만, '十' 앞에는 반드시 '二'만을 사용할 수 있다.

❷ 两

주로 물건의 양을 셀 때 사용하므로, 대부분 뒤에 양사가 온다.
两个 liǎng ge,   两本书 liǎng běn shū

★'两'은 모든 양사 앞에 올 수 있지만, '二'은 도량사(斤, 尺, 寸, 斗, 里, 公斤 등) 앞에만 올 수 있다.

숫자 읽는 법

1. 100단위 이상

100이상의 단위에서는 앞에 '一'를 넣어야 한다.

100	一百	yìbǎi
1,000	一千	yìqiān
10,000	一万	yíwàn

따라서 한국어의 '100'은 중국어로 '一百'가 되고, '1000'은 '千'이 아닌 '一千'이 된다.

2. 세자리 이상 수 가운데 '0'이 있는 경우

100이상의 숫자 중간에 0이 있다면 반드시 '0 零 líng'을 읽어줘야 한다. 하지만 중간에 '0'이 두 개가 와도 한 번만 읽어야 한다.

101	一百零一	yìbǎi líng yī
1,002	一千零二	yìqiān líng èr
10,050	一万零五十	yíwàn líng wǔshí

또한, '301'을 한국식으로 생각해 '三百一 sānbǎi yī'라고 읽는다면, 이는 '310'을 나타내는 말이 된다. 왜냐하면 중국어에서 마지막 단위의 숫자가 '0'일 경우 생략해서 읽을 수 있기 때문이다. 예를 들어 보자.

| 310 | 三百一(十) | sānbǎi yī(shí) |
| 301 | 三百零一 | sānbǎi líng yī |

3. 분수, 백분율, 소수 읽기

$\frac{1}{8}$ 八分之一 bā fēn zhī yī

$4\frac{1}{8}$	四又五分之三	sì yòu wǔ fēn zhī sān
40%	百分之四十	bǎi fēn zhī sìshí
0.6	零点六	líng diǎn liù
3.132	三点一三二	sān diǎn yī sān èr
32.31	三十二点三一	sānshí'èr diǎn sān yī

4. 더하기, 빼기, 곱하기, 나누기

＋加 jiā　－减 jiǎn　× 乘 chéng　÷ 除 chú

2 + 2 = 4	2加2等于4	èr jiā èr děngyú sì
4 − 2 = 2	4减2等于2	sì jiǎn èr děngyú èr
4 × 2 = 8	4乘2等于8	sì chéng èr děngyú bā
8 ÷ 4 = 2	8除4等于2	bā chú sì děngyú èr

5. 비율과 제곱

| 3 : 2 | 3比2 | sān bǐ èr |
| 4 : 2 | 4比2 | sì bǐ èr |

대략의 수 표시법

말하는 사람이 정확한 숫자를 모르거나 정확한 숫자를 말할 필요가 없을 때 대략적인 수를 사용하게 된다. 이러한 용법은 회화에서도 많이 쓰일 뿐 아니라, HSK에도 종종 출제되고 있다. 중국어에서 대략의 수를 나타내는 방법은 다음과 같다.

1. 수사 연용

수사 연용이란 인접한 두 개의 수를 연속 사용하는 것을 말하는데, 대체로 작은 수를 앞에 큰 수를 뒤에 둔다.

两三天 liǎng sān tiān 이삼일
去三五天就回来。 Qù sān wǔ tiān jiù huílái. 간지 삼 일에서 오 일 정도 만에 돌아오다.

2. 수사+来

'来'앞의 수사보다 약간 많거나 약간 적은 정도를 나타내는데, 다음과 같이 수사의 끝 수에 따라 '来'와 양사의 위치가 달라지기도 한다.

❶ 수사(0으로 끝남)+来+양사(+명사)

二十来个(人) èrshí lái ge (rén) 20명 안팎
四十来岁 sìshí lái suì 40세 가량
十来斤米 shí lái jīnmǐ 10근 정도의 쌀

❷ 수사(1~10으로 끝남)+양사+来+명사/형용사

五丈来高 wǔ zhàng lái gāo 다섯 장 정도 높이
十斤来米 shí jīn láimǐ 10근 정도의 쌀

'来'의 위치가 앞이냐 뒤이냐에 따라 약간의 의미상 차이가 생긴다.

ⓐ 十来斤米 : 8~9근에서 11~12근 정도의 쌀
ⓑ 十斤来米 : 9.8근~10.2근 정도의 쌀

다시 말해 ⓑ식은 근소한 소수점의 차이를 나타낸다.

3. 수사+多

수사가 표시한 수보다 많은 수를 나타낸다.

❶ 수사(0으로 끝남)+多+양사(+명사)

一百多个人 yìbǎi duō ge rén 100여 명의 사람

❷ 수사(1~10으로 끝남)+양사+多(+的)(+명사)

六斤多菜 liù jīn duō cài 여섯 근 남짓의 야채
五斤多的牛肉 wǔ jīn duō de niúròu 다섯 근 남짓의 소고기

잠깐주목!!

'多'가 양사 앞이냐 뒤이냐에 따라 의미가 달라진다.

ⓐ 十多块 : 11원~19원
ⓑ 十块多 : 10.1원~10.9원

✿ 이처럼 '来'와 '多'가 양사 뒤에 쓰일 경우는 모두 소수점 단위의 차이를 나타낸다.

4. 수사+左右/前后/上下

앞의 수사보다 약간 많거나 적음을 나타낸다.

一年左右 yì nián zuǒyòu 일년 정도   六点左右 liù diǎn zuǒyòu 여섯시 쯤
二十岁上下 èrshí suì shàngxià 스무 살 전후

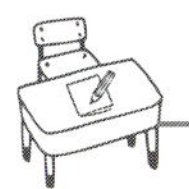

특수 수사 半

한국어 '반 개'는 중국어로도 '半个'라 말한다. '반 시간'은 '半个小时'이고, '한 시간'은 '一个小时半'이라고 한다. 그럼 '한 시간 반'은 중국어로 어떻게 말할까? 이때는 '一个小时半'이 아니고, '一个半小时'가 맞는 표현이다.
이러한 '半'의 위치는 수사의 유무에 따라 달라지는데, 수사가 없을 경우에는 양사 앞에, 수사가 있을 경우에는 양사 뒤에 위치한다.

1. 半+양사(+명사)

半年 bàn nián 반년   半个 bàn ge 반 개
半斤肉 bàn jīn ròu 고기 반 근   半个小时 bàn ge xiǎoshí 반 시간

2. 수사+양사+半(+명사)

一年半 yì nián bàn 일년 반

六点半 liù diǎn bàn   여섯시 반
三斤半 sān jīn bàn   세 근 반
一个半小时 yí ge bàn xiǎoshí   한 시간 반

숫자를 묻는 의문수사 

수를 묻는 의문사를 의문수사라고 하며, '几, 多少, 多'가 있다.

1. 几

일반적으로 10이하의 수를 묻는 경우 사용하며, '几' 뒤에 양사가 온다.

你有几个孩子? Nǐ yǒu jǐ ge háizi? 아이가 몇 명입니까?
你家有几口人? Nǐ jiā yǒu jǐ kǒu rén? 식구가 몇 명입니까?

2. 多少

일반적으로 10이상의 수를 묻는 경우에 사용한다.

电话号码多少? 전화번호가 몇 번이에요?
Diànhuà hàomǎ duōshǎo?

你们学校有多少学生? 너희 학교에는 학생이 몇 명 있니?
Nǐmen xuéxiào yǒu duōshǎo xuésheng?

3. 多

수량이나 정도를 묻는 의문수사로, 일반적으로 단음절 형용사 앞에 온다.

这儿离你家多远? Zhèr lí nǐ jiā duō yuǎn? 여기에서 너희 집까지 얼마나 머니?
你多高? Nǐ duō gāo? 키가 얼마에요?
长城多长? Chángchéng duō cháng? 만리장성은 길이가 얼마입니까?

수사 활용 ~성어 톡톡!!

중국어에는 수사나 방위사를 이용한 사자성어가 많다.
건망증이 심한 사람은 툭하면 이것저것 잘 빠뜨려서 이리저리 두리번거리는 경우가 빈번한데, 이런 표현을 사자성어로 하면 다음과 같다.

丢三落四 diūsān làsì   이것저것 잘 잊어버리다. 잘 빠뜨리다. 건망증이 심하다.
东张西望 dōngzhāng xīwàng   여기저기 두리번거리다.

他老是丢三落四。现在又东张西望地找什么东西。   그는 항상 잘 빠뜨려. 지금 또 뭔가를 찾고 있군.
Tā lǎoshì diūsān làsì. Xiànzài yòu dōngzhāng xīwàng de zhǎo shénme dōngxi.

연습 문제

■ 다음 숫자의 병음을 쓰세요.

1. 100

2. 101

3. 202

■ 다음을 어떻게 읽는지 알맞은 병음을 쓰세요

4. $\frac{1}{8}$

5. 62%

6. 3.8

7. 1,002

■ 다음을 해석하세요.

8. 电话号码多少?

9. 你多高?

10. 长城多长?

HSK 실전 연습문제

■ 다음 제시된 단어의 알맞은 위치를 고르세요.

1　一阵　　　　　（ A ）昨晚（ B ）刮了（ C ）台风（ D ）。

2　一下　　　　　（ A ）我们（ B ）等（ C ）他（ D ）吧。

3　左右　　　　　（ A ）我看（ B ）他二十（ C ）岁（ D ）。

4　多　　　　　　这（ A ）五（ B ）年（ C ）来（ D ）我经历了很多事情。

5　多　　　　　　我买了（ A ）五（ B ）斤（ C ）的牛肉（ D ）。

■ 괄호 안에 들어갈 알맞은 단어를 고르세요.

6　上星期我去了一（　　　）上海。
　　A 趟　　　　　B 顿　　　　　C 场　　　　　D 脚

7　你让我看（　　　）。
　　A 下下　　　　B 一下　　　　C 上下　　　　D 左右

8　老师批评了他一（　　　）。
　　A 趟　　　　　B 场　　　　　C 幅　　　　　D 顿

9　下了一（　　　）雨。
　　A 遍　　　　　B 顿　　　　　C 件　　　　　D 场

10　昨晚刮了一（　　　）台风。
　　A 次　　　　　B 枪　　　　　C 阵　　　　　D 趟

■ 괄호 안에 들어갈 알맞은 양사를 채워 넣으세요.

11　一（　）夫妻

12　一（　）雨伞

13　一（　）裤子

14　一（　）画

15　一（　）书

■ 다음을 중국어로 바꿔보세요. (괄호 안에 주어진 단어가 있다면 그것을 이용하세요.)

16 km²

17 다른 학생들(別的)

18 일종의 예절(一种)

19 여섯 근 남짓의 채소(菜)

20 1년 정도(左右)

21 6시쯤(左右)

22 밥 한 그릇(饭)

23 약간의 물(一点)

24 너의 집 아이들이 모두 왔다.(孩子)

25 이 학교는 유학생이 적다.(这个学校)

26 너희 학교에는 학생이 몇 명 있니?(多少)

27 사람마다 그를 좋아한다.(人人)

28 그는 날마다 북경에 온다.(天天)

29 나는 북경에 한번 다녀왔다.(趟)

30 옷 한 벌 사다.(件)

HSK 실전 연습문제
정답 및 해설

1 C

※'阵'은 '연속되는 한 단락의 시간'을 나타내는 동량사이다. 동량사는 동작의 경과나 횟수를 나타내는 양사로, 동사 뒤에 와야한다.

2 D

※동량사는 보통 동사의 뒤, 목적어의 앞에 온다. 하지만 만약 목적어가 대명사라면 동량사를 목적어 뒤에 쓴다.

3 D

4 C

※끝자리 수가 0일 경우에만 '多'가 양사 앞에 올 수 있으며, 끝자리가 1~10일 경우에 '多'가 양사 뒤에 올 수 있다.

5 C

6 A

7 B

8 D

9 D

10 C

11 对/双

12 把

13 条

14 幅

15 本

16 平方公里

17 别的学生

※'别的', '其他'의 수식을 받는 명사 뒤에는 '们'이 못 온다.

18 一种礼节

19 六斤多菜

20 一年左右

21 六点左右

22 一碗饭

23 一点儿水

24 你家孩子都来了。

※다른 관형어의 수식을 받은 명사 뒤에 '们'이 못 온다.

25 这个学校留学生很少。

※복수를 나타내는 '很多, 很少'가 술어인 경우, 주어 뒤에 '们'이 못 온다.

26 你们学校有多少学生？

27 人人都喜欢他。

28 他天天都来北京。

29 我去了一趟北京。

30 买一件衣服。

CHAPTER 2

시간사
방위사
대명사

시간사

시간사란 시간을 나타내는 품사를 말하며, '시점'과 '시량'을 나타낸다. 시점과 시량은 무엇인지 각각 알아보고, 둘의 차이점을 살펴보자.

시점

✿ 시점을 나타내는 단어는 주어나 부사어로 쓰인다.

'시점'이란 '시간의 위치, 시간의 늦고 이름'을 나타내는 시간의 단위를 말한다.

1. 새벽에서 밤까지의 시간

凌晨 língchéng 이른 새벽	早晨 zǎochén 새벽
早上 zǎoshang 아침	上午 shàngwǔ 오전
中午 zhōngwǔ 정오	下午 xiàwǔ 오후
傍晚 bàngwǎn 해질녘	晚上 wǎnshang 저녁
半夜 bànyè 한밤중	白天 báitiān 대낮, 주간
夜里 yèli 밤, 야간	

2. 하루 단위

大前天 dàqiántiān 그그저께	前天 qiántiān 그저께
昨天 zuótiān 어제	今天 jīntiān 오늘
明天 míngtiān 내일	后天 hòutiān 모레
大后天 dàhòutiān 글피	

3. 주 단위

上上(个)星期 shàngshàng(ge)xīngqī 지지난 주
上(个)星期 shàng(ge)xīngqī 지난 주
这(个)星期 zhè(ge)xīngqī 이번 주
下(个)星期 xià(ge)xīngqī 다음 주
下下(个)星期 xiàxià(ge)xīngqī 다다음 주

4. 월 단위

上上个月 shàng shàng ge yuè 지지난 달	上个月 shàng ge yuè 지난 달
这个月 zhège yuè 이번 달	下个月 xià ge yuè 다음 달
下下个月 xià xià ge yuè 다다음 달	

5. 년 단위

大前年 dàqiánnián 재재작년   前年 qiánnián 재작년
去年 qùnián 작년   今年 jīnnián 금년
明年 míngnián 내년   后年 hòunián 후년
大后年 dàhòunián 내후년

잠깐주목!!

'요일'을 나타내는 표현법

'星期 xīngqī, 礼拜 lǐbài, 周 zhōu'는 모두 '요일'을 의미하며, 뒤에 수사 '一, 二, 三…'을 붙여 '월요일, 화요일, 수요일…' 등을 나타낸다.

월요일	星期/礼拜/周 一
화요일	星期/礼拜/周 二
토요일	星期/礼拜/周 六
일요일	星期天/星期日/礼拜天/周日

❋ 월요일에서 토요일까지는 '星期, 礼拜, 周'가 모두 호환되지만, '일요일'은 표현법이 각각 고정적이므로 따로 암기해야 한다.

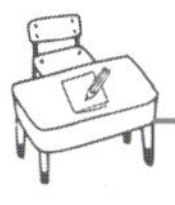

시량

'시량'이란 '수사+시간사' 형식으로 얼마 동안의 시간인지 '시간의 양, 길이'를 나타낸다.

❋ 시량을 나타내는 단어는 주로 술어 뒤에서 시량보어로 쓰인다.
p192 참조

1. 시간 단위

一秒钟 yì miǎozhōng 1초 동안   一分钟 yì fēnzhōng 1분 동안
一刻钟 yí kèzhōng 15분 동안   半个小时 bàn ge xiǎoshí 반시간
整个小时 zhěng ge xiǎoshí 꼬박 한 시간   一个小时 yí ge xiǎoshí 한 시간 동안
一会儿 yí huìr 잠깐 동안

2. 하루 단위

半天 bàn tiān 반나절 동안   整天 zhěng tiān 하루 종일
一天 yì tiān 하루 동안

3. 주 단위

一个星期 yí ge xīngqī ＝ 一个礼拜 yí ge lǐbài ＝ 一周 yìzhōu   일주일

整个星期 zhěng ge xīngqī   일주일 전체, 꼬박 일주일

4. 월 단위

半个月 bàn ge yuè   반 개월 동안
整个月 zhěng ge yuè   한 달 내내
一个月 yí ge yuè   한 달 동안

5. 년 단위

半年 bàn nián   반년
整年 zhěng nián   꼬박 일년
一年 yì nián   일년

시간을 표현하는 방법

한국어로 '시간이 많다'의 '시간'과 '한 시간 걸리다'의 '시간'은 모두 '时间'이라는
한자를 쓴다.
하지만 중국어는 '시간이 많다'의 경우에는 명사 '时间'을 쓰지만, '한 시간이 걸리
다'의 '시간'은 '小时'이나 '钟头'를 쓴다.
또한 한국어는 '한 시, 두 시'에서 '时'라는 한자를 쓰지만 중국어에서는 '点'을 써
야 한다는 것에 주의한다.

몇 시 몇 분 : 几点几分 jǐ diǎn jǐ fēn
몇 시간 : 几个小时 jǐ ge xiǎoshí ＝ 几个钟头 jǐ ge zhōngtóu

3:00	三点(钟)	sān diǎn(zhōng)	3시
3:02	三点零二分	sān diǎn líng èr fēn	3시 2분
3:15	三点十五分	sān diǎn shíwǔ fēn	3시 15분
	三点一刻	sān diǎn yí kè	3시 15분
3:20	三点二十分	sān diǎn èrshí fēn	3시 20분

3:30	三点半	sān diǎn bàn	3시 반
	三点三十分	sān diǎn sānshí fēn	3시 30분
3:45	三点四十五分	sān diǎn sìshíwǔ fēn	3시 45분
	三点三刻	sān diǎn sān kè	3시 45분
3:58	三点五十八分	sān diǎn wǔshíbā fēn	3시 58분
	差二分四点	chà èr fēn sì diǎn	4시 2분 전

시간사의 문법 특징

시간사는 명사의 기능을 다 갖지만, 그 외 다른 기능도 지니고 있다.

1. 부사어

你星期六有事吗?　Nǐ xīngqīliù yǒu shì ma? 너 토요일에 약속 있니?
他这儿天身体不好。　Tā zhè jǐ tiān shēntǐ bù hǎo. 그는 요 며칠 몸이 안 좋다.

2. 보어

주로 '수량사+시간사'의 형식으로 동사 뒤에 보어로 쓰여 시간의 양을 나타내며,
흔히 이를 '시량보어'라고 한다.

我要在中国学习半年。　난 중국에서 반년 공부하려 해요.
Wǒ yào zài Zhōngguó xuéxí bàn nián.

我每天睡8(个)小时。　Wǒ měitiān shuì bā (gè) xiǎoshí. 난 매일 8시간 잔다.
= 我每天睡8个钟头。　Wǒ měitiān shuì bā gè zhōngtóu.

> ✿ 주로 '수량사+시간사'의 형식
> 으로 동사 뒤에 보어로 쓰여 시
> 간의 양을 나타낸다. 흔히 이를
> '시량보어'라 한다.　p192 참조

시간사 활용~ 회화 쑥쑥!!

시간사 '过去 guòqù'는 '과거'라는 의미 이외에도 동사로 쓰여 '지나가다'라는 의미도 있다. '过去的事
就让它过去吧。Guòqù de shì jiù ràng tā guòqu ba.'에서 앞의 '过去'는 시간사고, 뒤의 '过去'는 동사로
쓰여서, '지나간 일은 그냥 지나가게 해.'라는 의미이다. 우리도 너무 과거에 매달리지 말고 앞을 향해 나
아가자!

A: 我总觉得那件事挺对不起你的。 난 그 일은 정말 너한테 미안하게 생각해.
　　Wǒ zǒng juéde nà jiàn shì tǐng duìbuqǐ nǐ de.
B: 过去的事就让它过去吧。 Guòqù de shì jiù ràng tā guòqu ba. 다 지난 일인걸 뭐.

연습 문제

■ 다음을 해석하세요.

1. 星期一

2. 周二

3. 礼拜三

■ 다음 시각을 중국어로 쓰세요.

4. 3:00

5. 4:05

■ 다음 단어의 병음을 쓰세요.

6. 前天

7. 昨天

8. 今天

■ 다음은 '일요일'이란 뜻의 중국어입니다. 괄호 안에 적당한 단어를 쓰세요.

9. 星期天=星期(　　　)=礼拜天=周日

■ 시간의 순서에 맞게 괄호 안에 적당한 단어를 넣으세요.

10. 前年 — 去年 — (　　　)

방위사

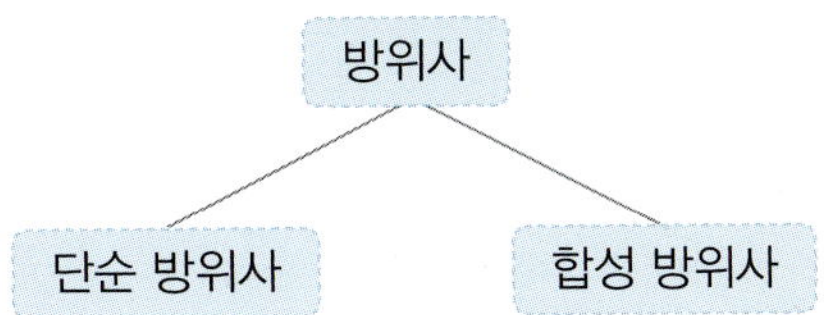

방위사는 주로 단어나 구 뒤에 붙어 방위, 장소, 범위 등을 나타낸다. 방위사의 구분은 다음과 같다.

방위사
단순 방위사   합성 방위사

❶ 단순방위사

上 shàng   下 xià   前 qián   后 hòu   里 lǐ   外 wài   内 nèi   中 zhōng   左 zuǒ
右 yòu   东 dōng   西 xī 등

❷ 합성방위사

上边 shàngbian 위쪽   下边 xiàbian 아래쪽   前面 qiánmian 아래쪽
后面 hòumian 뒤쪽 등

> ✿ 단순방위사 뒤에 접미사 '边(儿), 面(儿), 头(儿)' 등을 붙이면 합성 방위사가 된다.
>
> ✿ 이 외에도 단순방위사 앞에 '以, 之'을 붙여 합성 방위사를 만드는 경우도 있다.
>
> 以上 yǐshàng 이상
> 以下 yǐxià 이하
> 以外 yǐwài 이외
> 之前 zhīqián ~전
> 之间 zhījiān ~지간

방위사의 문법기능

1. 주어

주어로 쓰이는 것은 합성 방위사다.

단순 방위사 : 上有一本书。(✘)

합성 방위사 : 上边有一本书。위쪽에 책 한 권이 있다.(○)
　　　　　　　Shàngbian yǒu yì běn shū.

위와 같이 '위(쪽)에 책 한 권이 있다'라는 표현을 할 때, 한국어는 단순히 '위'라고 할 수도 '위쪽'이라고도 할 수 있지만, 중국어에서는 반드시 합성 방위사를 써야한다.

> ✿ 上有天堂, 下有苏杭。
> Shàng yǒu tiāntáng,
> xià yǒu Sū Háng.
> 하늘에는 천당이 있고, 땅에는 소주 · 항주가 있다.
>
> 위의 예문처럼 사자성어로 쓰이거나 대구를 이루는 특수한 경우를 제외하고는, 단순 방위사는 대체로 주어로 쓰이지 않는다.

2. 명사구와 방위사의 위치

❶ 단순 방위사와 명사구 위치

단순 방위사+명사 : 西部地区 xībù dìqū 서부지역

명사+단순 방위사 : 报上说… bàoshàng shuō… 신문에 쓰여 있기를…

❷ 합성 방위사와 명사구 위치

学校(的)前边 xuéxiào (de) qiánbian 학교 앞
车站(的)西边 chēzhàn (de) xībian 역의 서쪽
黄河以北 Huáng Hé yǐběi 황하 이북

> ✿ 단순 방위사는 명사 앞이나 뒤에 와서 장소를 나타내는 명사구를 이룰 수 있다.
>
> ✿ 합성 방위사는 명사 뒤에 쓰여 장소를 나타낼 수 있다.

단순 방위사의 응용

1. (在)~上

어떤 방면을 나타낸다.

政治上 zhèngzhì shang 정치적으로   历史上 lìshǐ shang 역사상

2. (在)~下

조건을 나타낸다.

在同学们的帮助下 zài tóngxuémen de bāngzhù xià 학우들의 도움하에
在大家的支持下 zài dàjiā de zhīchí xià 여러분의 지지하에

3. (在)~中

범위를 나타낸다.

在城市人口中 zài chéngshì rénkǒu zhōng 도시 인구 중에
在知识分子中 zài zhīshi fēnzi zhōng 지식인들 가운데

4. (在)+술어+中

어떤 상황이 지속되고 있음을 나타낸다.

在发展中 zài fāzhǎn zhōng 발전 중이다
在前进中 zài qiánjìn zhōng 전진 중이다

방위사 활용~ 회화 쑥쑥!!

한국어에 '윗물이 맑아야 아랫물이 맑다'는 말이 있는데, 중국어에도 비슷한 표현이 있다.

上梁不正，下梁歪。 윗물이 맑아야 아랫물이 맑다
Shàngliáng bú zhèng, xiàliáng wāi.

직역하면 '상량(마룻대)이 바르지 않으면 아랫들보가 비뚤어진다'는 뜻이다. 우리가 먼저 맑은 물이 된다면 좀 더 살기 좋은 세상이 되지 않을까?

- 다음 단어의 병음을 쓰세요.

 1. 东边

 2. 上边

 3. 下面

- 다음 단어의 반의어를 쓰세요.

 4. 前边

 5. 右边

- 괄호 안에 들어갈 적당한 단어를 보기에서 골라 쓰세요.

上　中　下

 6. 在同学们的帮助(　　)
   학우들의 도움하에

 7. 在发展(　　)
   발전 중이다

 8. 政治(　　)
   정치적으로

- 다음을 해석하세요.

 9. 学校前边

 10. 上边有一本书。

대명사

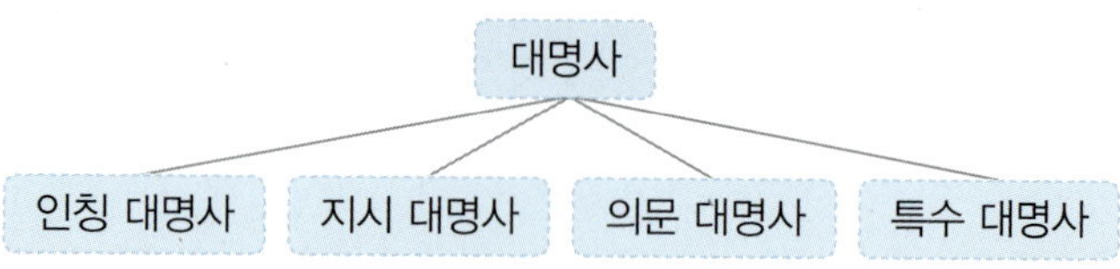

인칭 대명사

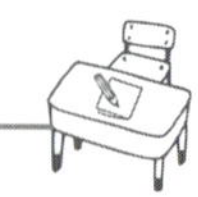

✿ 인칭 대명사란 사람을 나타내는 대명사다.

✿ 인칭 대명사는 사람을 나타내는 명사이므로 '们'을 써서 복수형을 나타낼 수 있지만, 특수 인칭 대명사와 인칭 의문사 뒤에는 '们'을 쓸 수 없다.

1인칭 대명사

我 wǒ 나   我们 wǒmen 우리   咱们 zánmen 우리('청자' 즉 '듣는 이'를 포함한 우리)

2인칭 대명사

你 nǐ 너   你们 nǐmen 너희들   您 nín 당신

3인칭 대명사

他 tā 그   他们 tāmen 그들   她 tā 그녀   她们 tāmen 그녀들
它 tā 그것   它们 tāmen 그것들

특수 인칭 대명사

人家 rénjiā 사람들   别人 biérén 다른 사람들   大家 dàjiā 모두들   自己 zìjǐ 자신

인칭 의문사

谁 shéi 누구

1. 人家

❶ 말하는 이와 듣는 이를 제외한 불특정 삼인칭을 지칭하는 경우

人家都说杭州很美，我真想去看看。
Rénjiā dōu shuō Hángzhōu hěn měi, wǒ zhēn xiǎng qù kànkan.
사람들이 모두 항주가 아주 아름답다던데, 한번 가보고 싶다.

❷ 대화 중 이미 언급된 특정한 제삼자를 가리키는 경우

A: 老李过生日那天，你怎么没来呀? 라오리 생일날, 너 왜 안 왔어?
   Lǎo Lǐ guò shēngrì nà tiān, nǐ zěnme méi lái ya?

B: 人家没邀请我，我怎么去呀? 그 사람이 날 안 초대했는데, 내가 왜가?
   Rénjiā méi yāoqǐng wǒ, wǒ zěnme qùy a?

❸ '人家+이름/호칭'일 경우 '人家'는 뒤에 오는 그 사람을 지칭

✿ 이런 형식은 생동감을 더해준다.

人家小王长得真帅。 시아오왕은 정말 멋지게 생겼어.
Rénjiā Xiǎo Wáng zhǎng de zhēn shuài.

❹ 자기 자신, 즉 일인칭을 지칭

人家不愿意结婚嘛！ Rénjiā bú yuànyì jiéhūn ma! 난 결혼하기 싫다니깨!

✿ 불만스런 어감을 지닌다.

2. 别人

한정된 범위 안에서, 어떤 사람과 대비되는 불특정한 다른 사람을 지칭

他的作业别人帮不了。 그의 숙제는 다른 사람이 도와 줄 수 없다.
Tā de zuòyè biérén bāngbuliǎo.

除了你以外，别人都知道。 너 말고 다른 사람들은 모두 알고 있어.
Chúle nǐ yǐwài, biérén dōu zhīdào.

3. 大家

일정한 범위 내에 있는 '모두'를 지칭

大家快进来啊！ Dàjiā kuài jìnlái a! 모두들 어서 들어오세요!

谢谢大家！ Xièxie dàjiā! 여러분, 감사합니다!

4. 自己 자기, 자신, 스스로, 홀로

自己的问题自己解决。 Zìjǐ de wèntí zìjǐ jiějué. 자기 문제는 스스로 해결한다.
你自己来吗? Nǐ zìjǐ lái ma? 너 혼자 오니?
=你一个人来吗? Nǐ yí ge rén lái ma?

✿ 목적어와 주어가 일치할 경우 목적어는 반드시 '自己'를 사용해야 한다.

他已经不是小孩子了，
能照顾自己。（O）
Tā yǐjing bú shì xiǎoháizi,
néng zhàogù zìjǐ.
그는 이제 어린아이가 아니라,
자신을 돌볼 수 있어요.

또한 목적어와 '自己'를 함께 사용할 수도 있다.

他已经不是小孩子了，
他能照顾他自己。（O）
Tā yǐjing bú shì xiǎoháizi,
tā néng zhàogù tā zìjǐ.
그는 이제 어린아이가 아니라,
자기자신을 돌볼 수 있어요.

✏ 연습 문제

■ 다음 인칭대명사의 병음을 쓰세요.

1. 咱们

2. 人家

3. 大家

4. 别人

5. 自己

■ 다음 문장이 맞으면 O, 틀리면 X 하세요.

6. 他已经不是小孩子了，
   能照顾自己。   (   )

7. 他已经不是小孩子了，
   他能照顾他。   (   )

■ 다음 문장을 해석하세요.

8. 大家快进来啊！

9. 人家小王长得真帅。

10. 自己的问题自己解决。

정답

1. zánmen

2. rénjiā

3. dàjiā

4. biérén

5. zìjǐ

6. O

7. X

※목적어와 주어가 일치할 경우 목적어는 반드시 '自己'를 사용해야 한다.

8. 모두들 어서 들어오세요!

9. 시아오왕은 정말 멋지게 생겼어.

10. 자기 문제는 스스로 해결한다.

지시 대명사

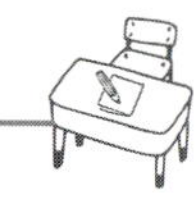

	근칭		원칭
这	이(것)	那	그(것), 저(것)
这(一)个	이것	那(一)个	그것, 저것
这(一)些	이것들	那(一)些	그것들, 저것들
这儿/这里	이곳, 여기	那儿/那里	그곳, 저곳
这会儿	이때	那会儿	그때
这么	이러한	那么	그러한, 그렇게
这样	이렇게	那样	그렇게
这么样	이렇게	那么样	그렇게

1. 这/那

'这'와 '那'는 사람, 사물, 처소, 추상적 사실, 행위 등을 가리킬 수 있다.

사람 这是李老师。Zhè shì Lǐ lǎoshī. 이분이 이선생님입니다.

사물 那是电脑。Nà shì diànnǎo. 그건 컴퓨터야.

처소 这是黄河。Zhè shì Huáng hé. 이것이 황하입니다.

추상적 사실 这是梦！Zhè shì mèng! 이건 꿈이야!

행위 那是开玩笑。Nà shì kāi wánxiào. 그건 농담이야.

'那'는 회화에서 '그럼, 그렇다면'의 뜻으로도 많이 쓰인다.

你明天有事情，那就别来了！내일 일이 있다면, 그렇다면 오지 마세요!
Nǐ míngtiān yǒu shìqing, nà jiù bié lái le!

那我们走吧。Nà wǒmen zǒu ba. 그럼 우리 가자.

2. 这儿(=这里)/那儿(=那里)

'这儿'과 '那儿'은 장소를 나타내는 처소사다.

我们在这儿休息吧。Wǒmen zài zhèr xiūxi ba. 우리 여기에서 쉬자.

하지만 명사나 인칭 대명사 뒤에 쓰여, 명사나 인칭 대명사가 존재하는 바로 그 장소를 나타내는 대명사가 되기도 한다.

我这儿有五块钱。Wǒ zhèr yǒu wǔ kuài qián. 나한테 5원 있어요.

窗台这儿阳光充足。Chuāngtái zhèr yángguāng chōngzú. 창가쪽에 햇볕이 충분해요.

3. 这会儿/那会儿

'这会儿'과 '那会儿'은 시간사지만, 다른 단어를 대체하는 기능도 있다.

❶ 这会儿

주로 현재를 나타내지만, 과거나 미래의 어느 시점을 나타낼 수도 있다.
'现在', '这个时候'와 비슷한 의미이다.

早上有点儿冷，这会儿暖和了。 아침에 좀 추웠는데, 이젠 따뜻해졌다.
Zǎoshang yǒudiǎnr lěng, zhèhuìr nuǎnhuo le.

明年这会儿我可能不在这儿。 내년 이맘때 아마 난 여기 없을 거야.
Míngnián zhèhuìr wǒ kěnéng bú zài zhèr.

昨天这会儿我正在跟他在一起。 어제 이맘때 난 그와 함께 있었어.
Zuótiān zhèhuìr wǒ zhèngzài gēn tā zài yìqǐ.

❷ 那会儿

과거 혹은 미래의 시점을 나타내며, '那个时候'와 비슷한 의미이다.

我上小学那会儿，女同学很少。 내가 초등학교 다닐 땐, 여학생이 매우 적었어요.
Wǒ shàng xiǎoxué nàhuìr , nǚtóngxué hěn shǎo.

到那会儿你就明白了。 그때가 되면 네가 분명히 알게 될 거야.
Dào nàhuìr nǐ jiù míngbai le.

4. 这么/那么

❶ 这么/那么+수량사+명사

'这么'와 '那么'가 명사를 수식할 경우 그 사이에 일반적으로 수량사를 쓴다.

他就说了这么一句话。 그는 이런 말을 한마디 했다.
Tā jiù shuōle zhème yí jù huà.

他只有这么一个儿子。 그는 단지 이 아들 하나뿐이다.
Tā zhǐ yǒu zhème yí ge érzi.

❷ 这么/那么+半天/些

이 경우, '这么'와 '那么'는 수량이 많음을 나타낸다.

找了这么半天，还没找到。 이렇게 오랫동안 찾았는데, 아직도 못 찾았다.
Zhǎole zhème bàn tiān, hái méi zhǎodào.

车上那么些人，我挤不动。 차에 사람이 그렇게 많아서, 난 꼼짝할 수 없었어.
Chē shàng nàme xiē rén, wǒ jǐbudòng.

❸ 这么/那么+동사/형용사

这么做可以吗? Zhème zuò kěyǐ ma? 이렇게 하면 되나요?

这儿天气不那么冷。 Zhèr tiānqì bú nàme lěng. 이곳 날씨는 그리 춥지 않다.

'有/像+비교대상A+这么/那么+형용사B'

'A만큼 그렇게 B하다'라는 비교의미를 나타내며, 그 부정형은 '没有/不像+
비교대상A+这么/那么+형용사B'로 'A만큼 그렇게 B하지는 않다'라는 뜻이
다.

大田有首尔这么冷。   대전은 서울만큼 이렇게 춥다.
Dàtián yǒu Shǒu'ěr zhème lěng.
大田没有首尔这么冷。   대전은 서울만큼 이렇게 춥지는 않다.
Dàtián méi yǒu Shǒu'ěr zhème lěng.

5. 这样(=这么样)/那样(=那么样)

'这样'은 '이러하다, 이렇게', '那样'은 '저러하다, 저렇게'라는 뜻이다.

❶ 这样/那样+的+명사

'这么/那么'와 마찬가지로 뒤에 오는 명사를 수식할 수 있다. 단, '这样/那
样'은 명사와의 사이에 '的'가 와야 한다.

这样的事情经常发生。 이런 일은 자주 일어나요.
Zhèyàng de shìqing jīngcháng fāshēng.

❷ 这样/那样+동사/형용사

'这么/那么'와 마찬가지로 부사어 '이렇게'의 의미로 쓰일 수 있다.

就这样处理。 Jiù zhèyàng chǔlǐ. 이렇게 처리하자.
=就这么处理。 Jiù zhème chǔlǐ.

❸ 주어, 술어로 쓰임

주어 这样比较好。 Zhèyàng bǐjiào hǎo. 이렇게 하는 게 비교적 좋겠어요.

술어 那就这样吧。 Nà jiù zhèyàng ba. 그럼 이렇게 하기로 하죠.

■ 다음 지시 대명사의 병음을 쓰세요.

1. 这

2. 那么

3. 这样

■ 다음 해석에 맞는 중국어 지시 대명사를 쓰세요.

4. 저 곳

5. 이 곳

■ 다음 괄호 안에 들어갈 적당한 지시 대명사를 보기에서 고르세요.

> 这样　这么　这儿

6. 我(　　　)有五块钱。

7. 原来他是(　　　)一个人。

8. 找了(　　　)半天，还没找到。

■ 다음 문장을 해석하세요.

9. 这样的事情经常发生。

10. 车上那么些人，我挤不动。

1. zhè
2. nàme
3. zhèyàng
4. 那儿
5. 这儿
6. 这儿
※나한테 5원 있어요.
7. 这样
※그는 본래 이런 사람이었구나.
8. 这么
※이렇게 오랫동안 찾았는데, 아직도 못 찾았어요.
9. 이런 일은 자주 일어나요.
10. 차에 사람이 그렇게 많아서, 난 꼼짝할 수 없었어.

의문 대명사

1. 谁 누구/什么 무엇

❶ 단수와 복수 모두 나타냄
‘谁'와 ‘什么'는 단수와 복수 구별이 없으므로, 단독으로 단수도 복수도 나타낼 수 있다.

❷ ‘谁/什么'가 명사를 수식할 경우

● 谁+的+명사 : 종속관계

这是谁的书? Zhè shì shéi de shū? 이건 누구 책이죠?

● 什么+명사 : 사물의 종류나 성질

这是什么书? Zhè shì shénme shū? 이건 무슨 책이죠?

● 什么+的+명사 : 종속관계

这是什么的尾巴? Zhè shì shénme de wěiba? 이건 무엇의 꼬리지?

❸ ‘谁/什么' 뒤에 ‘都/也'가 올 경우

● 谁+都/也 : 모든 사람, 누구나, 아무도

谁都懂。Shéi dōu dǒng. 누구나 다 안다.
谁也不懂。Shéi yě bù dǒng. = 谁都不懂。Shéi dōu bù dǒng. 아무도 모른다.

● 什么+都/也 : 무엇이든지

什么都买。 Shénme dōu mǎi. 무엇이든지 다 사다.

我什么书也不想看。 난 어떤 책도 보고 싶지 않아.
Wǒ shénme shū yě bù xiǎng kàn.

❹ 부정적 의미의 '什么'

● 什么+명사

什么感冒, 都是借口。 감기는 무슨, 다 핑계지.
Shénme gǎnmào, dōu shì jièkǒu.

你说的是什么话！ Nǐ shuō de shì shénme huà! 너 무슨 말을 하는 거야!

● 有+什么+형용사(+的) : ～할게 뭐 있어.

这事有什么难办。 Zhè shì yǒu shénme nánbàn. 이 일이 어려울 게 뭐 있어.

说两句话有什么不好意思的。 말 몇 마디 하는 게 뭐가 부끄러워.
Shuō liǎng jù huà yǒu shénme bù hǎoyìsi de.

의문문에서의 '什么'

일반적으로 의문 대명사가 쓰인 의문문에선 의문사 '吗'나, '정반 의문문'을 쓸 수 없다. 그렇다면 '什么'와 '吗'가 함께 쓰인 다음과 같은 예문은 맞는 표현일까?

你在这儿买过什么吗？ 넌 여기서 뭐 산 적 있니?
Nǐ zài zhèr mǎiguo shénme ma?

대답은 YES! 여기에서 '什么'는 '의문'을 나타내지 않고, 단순히 '불특정한 사물이나 사람'을 가리키는 것으로, 생략이 가능하다. 즉 '什么(무엇)?'가 아닌 '买过吗?(산 적 있니?)'의 답변을 원하는 문장이다.
아래 예문들의 의미상 차이를 살펴보면 쉽게 이해될 수 있다.

你在这儿买过什么？ 넌 여기서 뭘 샀었니? (의문)
你在这儿买过什么吗？ 넌 여기서 뭐 산 적 있니 없니? (불특정 사물)
你在这儿买过吗？ 넌 여기서 산 적이 있니? (의문)

2. 哪 어느

뒤에 수량사가 온다.

❶ 哪+(一)+양사+(명사)

· 哪(一)个人 nǎ (yí) ge rén 어느 사람   哪(一)本书 nǎ (yì) běn shū 어느 책

❷ 哪(+수사)+양사(+명사)+都/也 : 어떤 ～도, 아무 ～도, 모든 ～도

哪一件衣服都好看。Nǎ yí jiàn yīfu dōu hǎokàn. 어떤 옷이든 다 예쁘다.
哪一件衣服也不好看。Nǎ yí jiàn yīfu yě bù hǎokàn. 아무 옷도 안 예쁘다.
= 哪一件衣服都不好看。Nǎ yí jiàn yīfu dōu bù hǎokàn.

> ✿ 긍정문일 경우 주로 뒤에 '都'를 쓰고 부정문일 경우 뒤에 '都'와 '也'가 모두 쓰일 수 있다.

3. 哪儿(=那里) 어디

❶ 주어, 목적어, 관형어로 쓰인다.

哪儿不舒服？Nǎr bù shūfu? 어디가 불편하세요?
你是哪儿的人？Nǐ shì nǎr de rén? 당신은 어느 지방 사람인가요?
你去哪儿？Nǐ qù nǎr? 어디 가세요?

❷ 哪儿+都/也 : 어디라도, 어디든지

北京我哪儿都去过。 북경이라면 난 어디든 다 가봤어요.
Běijīng wǒ nǎr dōu qùguo.

我今天有事，哪儿也不去。 난 오늘 일이 있어서, 어디도 안가요.
Wǒ jīntiān yǒu shì, nǎr yě bú qù.

❸ 반어문에 쓰인다.

他哪里是中国人，他是日本人。 그가 무슨 중국인이야, 그는 일본인이야.
Tā nǎli shì Zhōngguórén, tā shì Rìběnrén.

我哪儿有钱啊？Wǒ nǎr yǒu qián a? 내가 무슨 돈이 있어? (=난 돈 없어.)

> ✿ 장소를 나타내지 않고 '부정'의 의미만 나타냄

4. 怎么 어떻게

❶ 어떻게 : 방식을 물을 때(='怎么个+동사+法')

这个字怎么念？Zhège zì zěnme niàn? 이 글자는 어떻게 읽죠?
= 这个字怎么个念法？Zhège zì zěnme ge niànfǎ?

❷ 어째서, 왜 : 원인을 물을 때(=为什么)

你怎么不来？Nǐ zěnme bù lái? 너 어째서 안 오니?
你怎么不喜欢他？Nǐ zěnme bù xǐhuan tā? 넌 어째서 그를 안 좋아해?

> ✿ '怎么了?'는 상황을 묻는 술어가 될 수 있다.
>
> 你怎么了? 너 왜 그래?
> Nǐ zěnme le?
>
> ✿ 비슷한 용법
> 怎么也/都～ : 아무리 노력해도～
>
> 他的话我怎么也听不懂。
> Tā de huà wǒ zěnme yě tīngbudǒng.
> 그의 말은 아무리 노력해도 못 알아듣겠어.

❸ (无论/不论/不管)+怎么~也/都 : 아무리 ~해도

(无论)怎么修也修不好。(Wúlùn)zěnme xiū yě bù hǎo. 아무리 수리해도 안 된다.

❹ 不怎么+형용사: 그다지~않다, 별로 ~하지 않다. (='不太+형용사')

今天不怎么冷。Jīntiān bù zěnme lěng. 오늘은 별로 안 춥다.
= 今天不太冷。 Jīntiān bú tài lěng.

今天不怎么舒服。Jīntiān bù zěnme shūfu. 오늘은 몸이 약간 안 좋아.
= 今天不太舒服。Jīntiān bú tài shūfu.

5. 怎么样(=怎样) 어떠하다

❶ 상황이나 성질을 물을 때

你身体怎么样? Nǐ shēntǐ zěnmeyàng? 건강은 어때요?
今天玩得怎么样? Jīntiān wán de zěnmeyàng? 잘 놀았니?

> ✿ 방식을 물을 때 회화에서는 '怎么'를 더 많이 사용한다.

❷ 방식을 물을 때

怎样消灭蟑螂? Zěnyàng xiāomiè zhāngláng? 바퀴벌레를 어떻게 박멸하죠?

❸ 不怎么样 별로다(=不太好)

天气不怎么样。Tiānqì bù zěnmeyàng. 날씨가 별로 좋지 않아.

> ✿ 怎么 : 어떻게 = 如何
>   : 왜 = 为什么 = 为何
> 怎么样 : 어떠하다 = 如何

'怎么, 怎么样'과 '如何, 为何'의 차이

'怎么'와 '怎么样'은 회화에서 많이 쓰지만, 문어체에서는 '如何'와 '为何'를 사용한다.
주의할 점은 '如何'는 '어떻게, 어떠한가' 의미만 있고 '어째서'의 의미를 나타낼 때는 '为何'를 쓴다.
이러한 문어체 단어들은 HSK에 종종 나오기 때문에 함께 알아둬야 한다.

如何(=怎么)解决? Rúhé jiějué? 어떻게 해결하지?
近来身体如何(=怎么样)? Jìnlái shēntǐ rúhé? 요즘 건강은 어때요?
为何(=为什么/怎么)不回答? Wèihé bù huídá? 왜 대답을 안하죠?

6. 의문 대명사의 활용

동일한 의문 대명사를 앞뒤에 반복해 의문문이 아닌 다른 표현을 할 수 있다.

❶ '谁' 앞 뒤 반복 : 동일한 대상 가리킴

谁要喝谁就喝。Shéi yào hē shéi jiù hē. 마시고 싶은 사람이 마시세요.

谁愿意去谁就去。 Shéi yuànyì qù shéi jiù qù. 가고 싶은 사람이 가세요.

❷ '什么' 앞 · 뒤절 반복 : 동일한 사물 가리킴

有什么就吃什么。 Yǒu shénme jiù chī shénme. 있는 거 먹죠.

你想吃什么就吃什么。 드시고 싶은 거 드세요.
Nǐ xiǎng chī shénme jiù chī shénme.

❸ '哪/哪儿' 앞 · 뒤 반복 : 동일한 것/장소를 가리킴

你想去哪儿就去哪儿。 Nǐ xiǎng qù nǎr jiù qù nǎr. 네가 가고 싶은 데로 가자.

你喜欢哪个就买哪个。 네가 좋아하는 것이 있으면 그걸 사.
Nǐ xǐhuan nǎ ge jiù mǎi nǎ ge.

❹ '怎么A, 就怎么B' : 그 동작을 하고 싶으면 그대로 하라.

你想怎么唱，就怎么唱。 당신이 부르고 싶은 대로 부르세요.
Nǐ xiǎng zěnme chang, jiù zěnme chàng.

你愿意怎么做，就怎么做。 당신이 하고 싶은 대로 하세요.
Nǐ yuànyì zěnme zuò, jiù zěnme zuò.

✎ 연습 문제

■ 다음 의문 대명사의 병음을 쓰세요.

1. 谁

2. 哪

3. 怎么

4. 什么

■ 다음 괄호 안에 들어갈 적당한 의문 대명사
  를 보기에서 고르세요.

> 哪儿　哪　怎么样

5. (　　　)一件衣服都好看。

6. 你想去哪儿就去(　　　)。

7. 今天玩得(　　　)?

■ 다음을 해석하세요.

8. 你喜欢哪个就买哪个。

9. 为何不回答

10. 今天不怎么冷。

특수 대명사

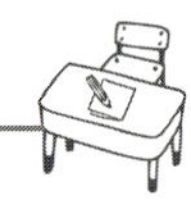

1. 每 매

주로 뒤에 수량사가 오며 다음과 같이 두 형식으로 나눌 수 있다.

❶ 每+(一)+양사+(명사)

양사나 명사 앞에 오며, 양사 앞의 수사 '一'은 생략이 가능하다. 주로 '都'와 함께 쓴다.

每(一)次 měi (yí) cì 매번
每(一)年 měi (yì) nián 매년
每天 měitiān 매일
每个房间都有暖气。 모든 방에 난방시설이 있어요.
Měi ge fángjiān dōu yǒu nuǎnqì.

❷ 每+동사+수량사

같은 동작이 규칙적으로 반복되는 것을 나타낸다.

每演出三天，休息一天。 3일 공연하고 하루 쉰다.
Měi yǎnchū sān tiān, xiūxi yì tiān.

2. 各 각

주로 '各(+양사)+명사' 형식으로 쓰이며, 어느 범위 내의 모든 개체를 가리킨다.

各人 gè rén 각 개인   各地 gè dì 각지   各种人 gè zhǒng rén 각종 사람

잠깐주목!!

'各'와 '每'

❶ '各'와 '每'는 둘 다 '모두'의 뜻이 있지만, '每'는 각각의 공통점을 강조하고, '各'는 그들 하나하나의 차이를 강조한다.

每个人都有心事。 사람들은 모두 고민이 있다.
Měi ge rén dōu yǒu xīnshì.
各人都有各人的性格。 사람은 모두 각자의 성격이 있다.
Gè rén dōu yǒu gè rén de xìnggé.

❷ '各'는 일부 명사 앞에 직접 올 수 있지만, '每'는 양사나 수량사와 결합해야 명사 앞에 올 수 있다.

每个学校 měi ge xuéxiào 모든 학교 (O)   每学校 (✕)

하지만 양사 역할까지 하는 명사(준양사) '人, 家, 年, 月, 日, 星期, 周' 등의 앞에는 직접 올 수 있다.

每年 měinián 매년 (O)   每周 měizhōu 매주 (O)

3. 某 모

주로 '某+수량+명사' 형식으로 쓰이며, 부정확하거나 정확히 밝히기 곤란한 어떤 사람이나 사물을 가리킨다. 수사가 '一'일 경우엔 생략이 가능하다.

某(一)个地方 mǒu ge dìfang 어떤 곳
某几个问题 mǒu ge wèntí 어떤 문제들

4. 彼此 피차, 서로

❶ 주어나 목적어로 쓰임

他们初次见面，彼此还不熟悉。 그들은 초면이라, 서로 아직 잘 몰라요.
Tāmen chūcì jiànmiàn, bǐcǐ hái bù shúxī.

彼此都一样，都没学过。 서로 똑같아요, 모두 배운 적 없거든요.
Bǐcǐ dōu yíyàng, dōu méi xuéguo.

❷ 관형어로 쓰여 뒤의 명사를 수식

我们浪费了彼此的感情。 우리는 서로의 감정을 낭비했다.
Wǒmen làngfeìle bǐcǐ de gǎnqíng.

연습 문제

■ 다음 특수 대명사의 병음을 쓰세요

1. 每

2. 各

3. 某

4. 彼此

■ 다음 괄호 안에 들어갈 적당한 단어를 보기에서 고르세요.

> 彼此　每

5. 他们初次见面，(　　　)还不熟悉

6. (　　　)个人都有心事。

■ 다음 문장을 해석하세요.

7. 我们浪费了彼此的感情。

8. 每演出三天，休息一天。

9. 每个房间都有暖气。

10. 各人都有各人的性格。

정답

1. měi
2. gè
3. mǒu
4. bǐcǐ
5. 彼此
6. 每
※사람들은 모두 고민이 있다.
7. 우리는 서로의 감정을 낭비했다.
8. 3일 공연하고 하루 쉰다.
9. 모든 방에 난방시설이 있어요.
10. 각 사람은 모두 각자의 성격이 있다.

HSK 실전 연습문제

■ 다음 제시된 단어의 알맞은 위치를 고르세요.

1 半年　　　　　　（ A ）我要（ B ）在中国（ C ）学习（ D ）。

2 人家　　　　　　（ A ）小王（ B ）才（ C ）不在乎（ D ）。

3 自己　　　　　　（ A ）他（ B ）已经能照顾（ C ）他（ D ）了。

4 每　　　　　　　（ A ）逢（ B ）春节我（ C ）很想（ D ）妈妈。

5 那么　　　　　　（ A ）大邱（ B ）没有（ C ）首尔（ D ）冷。

■ 괄호 안에 들어갈 알맞은 단어를 고르세요.

6 他们初次见面，（　　）还不熟悉。
A 自己　　　　　B 彼此　　　　　C 人家　　　　　D 大家

7 每个房间（　　）有电脑。
A 都　　　　　　B 到　　　　　　C 逢　　　　　　D 多

8 你想（　　）唱，就怎么唱。
A 什么　　　　　B 多少　　　　　C 怎么　　　　　D 几次

9 你喜欢吃什么就吃（　　）。
A 怎么　　　　　B 几个　　　　　C 多少　　　　　D 什么

10 我什么书（　　）不想看。
A 到　　　　　　B 多　　　　　　C 也　　　　　　D 什么

■ 다음 밑줄 친 단어와 바꿔 쓸 수 있는 단어를 고르세요.

11 怎么解决？　　　A 为何　　　B 如何　　　C 什么　　　D 哪里

12 为什么不回答？　A 为何　　　B 如何　　　C 什么　　　D 哪里

13 今天不怎么冷。　A 很　　　　B 太　　　　C 不太　　　D 太不

14 我哪儿有钱啊？　A 很　　　　B 太　　　　C 不　　　　D 没

15 天气不怎么样。　A 很好　　　B 不太好　　C .很不好　　D 太不好

■ 다음을 중국어로 작문하세요. (괄호 안에 주어진 단어가 있다면 그것을 이용하세요.)

16 당신이 하고 싶은 대로 하세요. (愿意)

17 네가 가고 싶은 데로 가. (想)

18 가고 싶은 사람이 가세요. (愿意)

19 아침에 좀 추웠는데, 이젠 따뜻해졌다. (这会儿)

20 그는 요 며칠 몸이 안 좋다. (这几天)

21 위쪽에 책 한 권이 있다.

22 그의 숙제는 다른 사람이 도와 줄 수 없다. (帮不了)

23 모두들 어서 들어오세요! (大家)

24 넌 어째서 그를 안 좋아해? (怎么)

25 그때가 되면 네가 분명히 알게 될 거야. (那会儿)

26 여기 날씨는 그리 춥지 않다. (不那么)

27 너 혼자 오니? (自己)

28 그럼 우리 먹자. (那)

29 이렇게 하면 되나요? (可以)

30 난 오늘 일이 있어서, 어디도 안가요. (哪儿也)

HSK 실전 연습문제
정답 및 해설

1 D

※난 중국에서 반년 공부하려 해요. : '수량사+시간사'의 형식으로 동사 뒤에 보어로 쓰여 시간의 양을 나타내며, 흔히 이를 '시량보어'라 한다.

2 A

※小王은 전혀 개의치 않아요. : '人家' 뒤에 이름이나 호칭이 올 경우, '人家'는 뒤에 오는 그 사람을 지칭한다.

3 D

※그는 이미 그 자신을 돌볼 수 있게 되었다. : 목적어와 주어가 일치할 경우 목적어 자리에 '自己'를 사용하는데, 목적어 뒤에 '自己'를 쓰거나, '自己'가 단독으로 목적어로 쓰인다.

4 A

※설날이 올 때마다 난 엄마가 매우 그립다.

5 D

※대구는 서울만큼 춥지는 않다.

6 B

※그들은 초면이라, 서로 아직 잘 몰라요.

7 A

※모든 방에 컴퓨터가 있어요.

8 C

※당신이 부르고 싶은 대로 부르세요. : '怎么A，就怎么B'는 '그 동작을 하고 싶으면 그대로 하라'는 의미이다.

9 D

※드시고 싶은 거 드세요.

10 C

※난 어떤 책도 보고 싶지 않아.

11 B

※rúhé : 어떻게 해결하지?

12 A

※wèihé : 왜 대답을 안 하죠?

13 C

14 D

15 B

16 你愿意怎么做，就怎么做。

17 你想去哪儿就去哪儿。

18 谁愿意去谁就去。

19 早上有点儿冷，这会儿暖和了。

20 他这几天身体不好。

21 上边有一本书。

※주어로 쓰이는 것은 단순방위사가 아닌 합성 방위사이므로, '上'이 아닌 '上边'을 써야 한다.

22 他的作业别人帮不了。

23 大家快进来啊！

24 你怎么不喜欢他？

25 到那会儿你就明白了。

26 这儿天气不那么冷。

27 你自己来吗？

28 那我们吃吧。

29 这么做可以吗？

30 我今天有事，哪儿也不去。

CHAPTER 3

동사와 조동사

동사

동사는 주로 술어로 쓰이며 주어를 앞에 두고 목적어를 뒤에 둔다. 목적어의 성질에 따라 자동사와 타동사로 분류되며, 이외에도 중국어의 특수한 동사인 이합동사가 있다.

동사의 분류

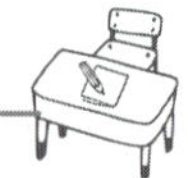

1. 자동사

뒤에 목적어가 오지 않는 동사다.

他哭。 **Tā kū.** 그가 운다.

자동사 중에는 타동사로 쓰이는 경우도 있다. 하지만 이런 경우 의미가 달라진다.

[자동사] 他笑了。 **Tā xiào le.** 그가 웃었다.

[타동사] 他笑你。 **Tā xiào nǐ.** 그가 너를 비웃는다.

2. 타동사

뒤에 목적어가 오는 동사다.

> ❶ 동사+명사성 목적어
>
> 他喜欢孩子。 **Tā xǐhuan háizi.** 그는 아이를 좋아한다.

> ❷ 동사+동사성 목적어
>
> 开始念。 **Kāishǐ niàn.** 읽기 시작하다. (목적어–동사 '念')
> 希望恢复健康。 건강이 회복되길 바랍니다. (목적어–동사구 '恢复健康')
> **Xīwàng huīfù jiànkāng.**
> 我感到很高兴。 난 매우 기쁘다. (목적어–형용사구 '很高兴')
> **Wǒ gǎndào hěn gāoxìng.**

> ❸ 쌍빈어 동사
>
> 중국어에서는 목적어를 '빈어'라고도 하는데, 두 개의 목적어를 취하는 동사를 '쌍빈어 동사'라 한다.
>
> 他教我们英语。 **Tā jiāo wǒmen Yīngyǔ.** 그는 우리에게 영어를 가르쳐요.
> 请给我十块钱。 **Qǐng gěi wǒ shí kuài qián.** 제게 10원만 주세요.

> ● 쌍빈어 동사와 '给'
>
> 쌍빈어 동사는 간접목적어 앞에 꼭 개사 '给'를 써야 하는 동사, '给'를 써도 되고 안 써도 되는 동사, '给'를 쓸 수 없는 동사로 나눌 수 있다.

❈ 일부 타동사는 뒤에 명사성 목적어와 동사성 목적어가 모두 올 수 있다.

我喜欢你。
Wǒ xǐhuān nǐ.
난 널 좋아해.

他喜欢说话。
Tā xǐhuan shuōhuà.
그는 말하는 걸 좋아해.

❈ 쌍빈어 동사는 주로 '동사+간접목적어+직접목적어'형식으로 쓰인다.

'给'를 써야 하는 동사	
递 dì 전하다	写 xiě 쓰다
分 fēn 나누다	租 zū 세를 내다
带 dài 들다, 지니다	留 liú 남기다
寄 jì (우편으로) 부치다	打 dǎ (电话 diànhuà) 전화하다
交 jiāo 건네다	踢 tī 차다
卖 mài 팔다	搬 bān 옮기다
扔 rēng 던지다	推 tuī 밀다
输 shū 지다, 잃다	

이렇게 '给'를 써야 하는 동사의 어순은 두 가지 유형으로 나눌 수 있다.

유형1   동사+给+간접목적어+직접목적어

他写给妈妈一封信。   그는 엄마에게 편지를 한 통 썼다.
Tā xiě gěi māma yì fēng xìn.

유형2   동사+직접목적어+给+간접목적어

他写一封信给妈妈。   그는 편지 한 통을 엄마에게 썼다.
Tā xiě yì fēng xìn gěi māma.

'给'를 써도 되고 안 써도 되는 동사	
送 sòng 선물하다	还 huán 돌려주다
教 jiāo 가르치다	赔 péi 배상하다
赏 shǎng 수여하다	付 fù 지불하다
加 jiā 보태다	许 xǔ 허락하다
传 chuán 전하다	借 jiè 빌리다

이러한 동사의 어순은 다음과 같이 세 가지 유형으로 나눌 수 있다.

유형1   동사+给+간접목적어+직접목적어

我送给他一件衣服了。   난 그에게 옷 한 벌을 선물했다.
Wǒ sòng gěi tā yí jiàn yīfu le.

유형2   동사+간접목적어+직접목적어

我送了他一件衣服。   난 그에게 옷 한 벌을 선물했다.
Wǒ sòngle tā yí jiàn yīfu.

  동사+직접목적어+给+간접목적어

我送了一件衣服给他。 난 옷 한 벌을 그에게 선물했다.
Wǒ sòngle yí jiàn yīfu gěi tā.

'给'를 쓸 수 없는 동사	
给 gěi 주다	偷 tōu 훔치다
告诉 gàosu 말하다	答应 dāying 승낙하다
赢 yíng 이기다	回答 huídá 대답하다
抢 qiǎng 빼앗다	问 wèn 묻다

이런 류의 동사는 간접목적어와 직접목적어의 순서가 고정적이어서, 반드시 간접목적어가 직접목적어보다 앞에 와야 한다.

我问你几个问题。 Wǒ wèn nǐ jǐ ge wèntí. 당신께 몇 가지 질문할게요.
我告诉你一个消息。 Wǒ gàosu nǐ yí ge xiāoxi. 내가 너에게 소식 하나 알려줄게.

● 쌍빈어 동사의 의미

주다

쌍빈어 동사의 대부분은 '~에게 ~을 주다'의 의미를 갖는다.

送他一份礼物。 Sòng tā yí fèn lǐwù. 그에게 선물을 주다.
请给我十块钱。 Qǐng gěi wǒ shí kuàiqián. 제게 10위안만 주세요.

취득

어떤 동작을 통해 간접목적어로부터 직접목적어를 취득하게 되는 의미를 갖는다.

偷了我两百块钱。 Tōule wǒ liǎng bǎi kuàiqián. 나에게서 200위안을 훔쳤다.
收了你两百块钱。 Shōule nǐ liǎng bǎi kuàiqián. 너에게서 200위안을 받았다.

동격

두 개의 목적어가 같은 사물을 가리켜 동격을 나타낸다.

骂他傻瓜。 Mà tā shǎguā. 그에게 바보라고 욕하다.
当他好人。 Dāng tā hǎorén. 그를 좋은 사람으로 여기다.

❹ 이합동사

이합동사란 '离合'이라는 명칭처럼 떨어졌다 붙었다 할 수 있는 동사를 말한다. 대부분 '동사+(이합동사 내부의)목적어' 형식을 이룬다.

동사 + 목적어 : 이합동사
照 찍다 + 相 얼굴 ： 照相 zhàoxiàng 사진 찍다

见 보다 + 面 얼굴 : 见面 jiànmiàn 만나다
生 돋우다 + 气 화 : 生气 shēngqì 화를 내다
打 걸다 + 架 말다툼 : 打架 dǎjià 싸우다
帮 돕다 + 忙 바쁘다 : 帮忙 bāngmáng 돕다
上 하다 + 课 강의 : 上课 shàngkè 수업하다

이합동사는 그 사이에 다른 성분이 들어와서 분리될 수 있는 점에 유의해야 한다.

● 동태조사 '了, 着, 过'가 이합사 사이에 올 경우

照了相 zhàole xiàng 사진을 찍었다
照着相 zhàozhe xiàng 사진을 찍고 있다
照过相 zhàoguo xiàng 사진을 찍은 적이 있다

● 양사가 이합사 사이에 올 경우

照一张相。 Zhào yì zhāng xiàng. 사진을 한 장 찍다.
见一次面。 Jiàn yí cì miàn. 한 번 만나다.

● 수식어가 이합사 사이에 올 경우

帮了大忙。 Bāngle dà máng. 큰 도움을 주었다.
帮我的忙。 Bāng wǒ de máng. 날 도와주다.
开我的玩笑。 Kāi wǒ de wánxiào. 나를 놀리다.
见他的面。 Jiàn tā de miàn. 그를 만나다.

✿ 하지만 이합사의 목적어가 항상 이합사 사이로 오는 것은 아니며, 개사와 함께 쓰여 이합사 앞에 올 수도 있는데, 의미상 차이가 있다.

ⓐ 我见了他的面。
Wǒ jiànle tā de miàn.
난 그를 만났다.
→ 그의 의견과 관계없이 내가 일방적으로 그를 만난 것

ⓑ 我跟他见了面。
Wǒ gēn tā jiànle miàn.
난 그와 만났다.
→ 서로의 약속 하에 만난 것

정답

1. ③
2. 그는 우리에게 영어를 가르쳐요.
3. 난 옷 한 벌을 그에게 선물했다.
4. jiāo 건네다
5. tī 차다
6. mài 팔다
7. bān 옮기다
8. rēng 던지다
9. tuī 밀다
10. 一次
11. ✕
12. ○
13. ○

1. 동사성질의 목적어를 갖는 동사를 '술빈동사'라고 합니다. 다음 중 서술어가 술빈동사가 <u>아닌</u> 것을 고르세요.

①开始念。　　②希望恢复健康。

③我喜欢你。　　④我喜欢听音乐。

■ 다음 문장을 해석하세요.

2. 他教我们英语。

3. 我送了一件衣服给他。

■ 다음은 간접목적어 앞에 '给'를 써야 하는 동사들입니다. 각 동사의 병음과 뜻을 쓰세요.

4. 交

5. 踢

6. 卖

7. 搬

8. 扔

9. 推

■ '한 번 만나다'의 의미가 되도록, 다음 괄호을 알맞게 채워 넣으세요.

10. 见(　　　)面

■ 다음 중 문법에 맞으면 O, 틀리면 X 하세요.

11. 帮忙我　　　　(　　)

12. 帮我的忙　　　(　　)

13. 见一次面　　　(　　)

동사 중첩

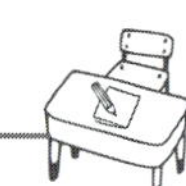

동사를 중첩하게 되면 '한번/좀/잠깐 ~해보자/해봐라'의 의미를 갖는다.

休息休息 xiūxi xiūxi　좀 쉬자　　　看看 kànkan　좀 보자

1. 단음절 동사의 중첩

❶ AA

단음절 동사가 중첩되면 두 번째 동사는 경성으로 발음한다.

听听 tīngting　한 번 들어보자 / 좀 들어보세요

❷ A一A = AA = AA看

비교적 짧은 시간이나 적은 횟수에 대한 시도나 명령을 나타낸다.

听一听 tīng yi tīng　좀 들어보자 / 한 번 들어보세요

= 听听 tīngting = 听听看 tīngting kàn

❸ A了(一)A

'동작이 이미 몇 번 정도 가볍게 발생했다'는 의미를 나타낸다.

他看了看，还给我。 그가 몇 번 보더니 내게 돌려줬다.
Tā kànle kàn, huán gěi wǒ.

她笑了笑，没说话。 그녀는 가볍게 웃기만 하고, 말을 하지 않았다.
Tā xiàole xiào, méi shuōhuà.

2. 쌍음절 동사의 중첩

❶ ABAB

这个问题需要考虑考虑。 이 문제는 좀 생각해 볼 필요가 있다.
Zhège wèntí xūyào kǎolü kǎolü.

3. 동사 중첩의 부정형

동사 중첩의 부정형은 다음 두 가지 상황에서만 쓰인다.

❶ '不~不~' '~하지 않으면 ~하지 않게 되다' : 어떤 조건의 가정문일 경우

不打听打听，不容易知道。 알아보지(문의하지) 않으면 알기 힘들다.
Bù dǎting dǎting, bù róngyì zhīdào.

❷ 의문과 반문의 문장(원망의 의미)

你怎么不问问？ 당신은 어째서 좀 묻지 않죠?
Nǐ zěnme bú wènwen?

4. 중첩 불가능 동사

동사 중첩의 의미는 '비교적 적은 동작의 횟수나 짧은 시간의 시도, 명령'을 나타내므로, 동작 행위를 나타내는 동사들만 중첩을 할 수 있다. 따라서 비동작 동사, 지속이 불가능한 동작을 나타내는 비지속 동사, 그리고 동사의 횟수나 시간을 의지로 억제할 수 없는 동사는 대체로 중첩할 수 없다.

❶ 비동작 동사

● 심리동사

爱 ài 사랑하다　　恨 hèn 미워하다　　怕 pà 두려워하다　　喜欢 xǐhuan 좋아하다

● 유사함을 나타내는 동사

像 xiàng 닮다

● 존재를 나타내는 동사

有 yǒu 있다   在 zài 존재하다

❷ 비지속 동사

来 lái 오다   去 qù 가다   开始 kāishǐ 시작하다   停止 tíngzhǐ 정지하다
继续 jìxù 계속하다   死 sǐ 죽다   杀 shā 죽이다

❸ 동작의 시간, 횟수를 억제할 수 없는 동사

睡 shuì 자다   病 bìng 병나다   丢 diū 잃다

동사 활용~ 회화 쑥쑥!!

'认为 rènwéi'와 '以为 yǐwéi'는 모두 '~라 여기다'로 해석할 수 있다. 하지만 쓰임에는 차이가 있어서, '认为'는 객관적인 견해나 판단을 나타내는 반면, '以为'는 주로 추측한 결과가 사실과 일치하지 않는 경우에 쓰인다.

A: 你认为那个中国人韩语说得怎么样啊? 네 생각에 저 중국사람 한국어 수준이 어때?
Nǐ rènwéi nàge Zhōngguórén Hányǔ shuō de zěnmeyàng?
B: 中国人? 我还以为他是韩国人呢。 중국인이라고? 난 그가 한국사람인 줄 알았는데.
Zhōngguórén? Wǒ hái yǐwéi tā shì Hánguórén ne.

1. '考慮 고려하다, 생각하다'를 중첩하여 '좀 고려해보세요/좀 생각해봅시다'로 만들고 싶다면 다음 중 어떤 형식으로 중첩해야 하나요?

① 考慮考慮　　② 考考慮慮

③ 考慮一考慮　　④ 考慮考慮试

2. 사람의 심리상태를 나타내는 '심리동사'는 중첩할 수가 없습니다. 다음 중 심리동사가 <u>아닌</u> 것을 고르세요.

① 爱　　② 恨　　③ 休息　　④ 怕

3. '잠깐 기다리세요' 는 여러 가지로 표현 할 수 있습니다. 같은 의미가 되도록 다음 괄호 안에 알맞은 동량사를 채우세요.

等等 = 等一会儿 = 等(　　　　)

4. 다음 중 같은 의미가 <u>아닌</u> 것을 고르세요.

① 听听　　　　② 听一听

③ 听听看　　　④ 看听

■ 다음 단어들의 병음을 쓰세요.

5. 爱

6. 恨

7. 怕

■ 다음 문장을 해석하세요.

8. 不打听打听，不容易知道。

9. 请你来一下。

■ 다음을 중작하세요.

10. 좀 쉬자. (중첩이용)

1. ①
※ 쌍음절 동사(AB)의 경우 'ABAB'형식으로 중첩을 해야 한다.

2. ③

3. 一下
※ 동사의 중첩은 동량사 '一会儿(잠깐)', '一下(좀/한 번)'와 같은 의미를 갖는다.

4. ④

5. ài

6. hèn

7. pà

8. 알아보지 (문의하지) 않으면 알기 힘들다.

9. 좀 와 주세요.

10. 休息休息。

조동사

중국어의 조동사는 흔히 '能愿动词(능원동사)'라고도 한다. '능원동사'라는 이름처럼 대부분 '가능, 능력, 원하다'의 뜻을 나타내는데, 이외에도 허가, 추측 등 다양한 의미를 나타낼 수 있다.

조동사의 문법 특징

1. 조동사는 일반동사와 달리 중첩할 수 없다.

他会会说汉语。 Tā huìhuì shuō Hànyǔ.　　(×)　그는 중국어를 할 수 있다.

2. 조동사 바로 뒤에는 동태조사 '了, 着, 过'가 올 수 없다.

他会了说汉语。 Tā huìle shuō Hànyǔ.　　(×)
他会着说汉语。 Tā huìzhe shuō Hànyǔ.　　(×)
他会过说汉语。 Tā huìguo shuō Hànyǔ.　　(×)

> ✿ 하지만 완료를 나타내는 동태조사 '了₁'이 아닌, '변화'의 의미를 나타내는 어기조사 '了₂'는 문장 맨 뒤에 올 수 있다.
>
> 他会说汉语了。
> Tā huì shuō Hànyǔ le.
> 그는 중국어를 할 수 있게 되었다.

3. 일부 조동사는 일반동사로도 쓰인다.

> ✿ 일부 조동사가 일반동사로 쓰일 경우 뒤에 명사성 목적어가 올 수 있다. 하지만 조동사로 쓰일 경우에는 뒤에 명사성 목적어가 올 수 없고, 뒤에 동사나 형용사가 와야 한다.

일반동사로 쓰인 경우와 조동사로 쓰인 경우의 차이를 살펴보자.

일반동사	我要这个。 Wǒ yào zhège. 난 이걸 원해. (나 이거 할래.)
조동사	我要去。 Wǒ yào qù. 난 가야 해.
일반동사	我很想家。 Wǒ hěn xiǎng jiā. 전 집이 너무 그리워요.
조동사	我想回家。 Wǒ xiǎng huíjiā. 난 집에 가고 싶어.
일반동사	我会汉语。 Wǒ huì Hànyǔ. 난 중국어를 할 줄 알아.
조동사	我会说汉语。 Wǒ huì shuō Hànyǔ. 난 중국어를 말할 수 있어.

4. 단독으로 술어가 될 수 있다.

주로 대답할 때 목적어 없이 단독으로 술어가 된다.

A: 这儿可以抽烟吗? Zhèr kěyǐ chōuyān ma?　여기서 담배 피워도 되나요?
B: 可以。 Kěyǐ.　됩니다.

그 외에도 간혹 목적어 없이 단독으로 술어로 쓰일 수 있다.

你去不去都可以。 Nǐ qù bu qù dōu kěyǐ.　너 가도 되고 안가도 돼.

5. '不'를 사용한 정반의문문을 만들 수 있다.

他会不会说汉语? Tā huì bu huì shuō Hànyǔ? 그는 중국어 할 줄 아나요?

조동사 종류와 용법

1. 能

❶ 주관적인 능력이나 객관적 조건 : ～할 수 있다

这个机器坏了，不能开动。 이 기계 고장이 나서, 작동이 안 돼요.
Zhège jīqì huài le, bù néng kāidòng.

别担心，这个困难他能克服。 걱정 마, 이 어려움은 그가 극복할 수 있어.
Bié dānxīn, zhège kùnnán tā néng kèfú.

还没到九点，能赶上火车。 아직 9시가 안 됐으니, 기차를 탈 수 있어.
Hái méi dào jiǔ diǎn, néng gǎnshàng huǒchē.

❷ 뛰어난 능력

我们当中，数他最能说话。 우리 중에 그가 제일 말을 잘한다.
Wǒmen dāngzhōng, shǔ tā zuì néng shuōhuà.

> ✿ 이 경우 앞에 정도부사 '很, 最, 真' 등을 붙일 수 있다.

❸ 가능, 추측 : ～할 수 있다, ～일 것이다

这件事他能不知道吗? 그가 이 일을 모르겠어요?
Zhè jiàn shì tā néng bù zhīdào ma?

今天的晚会他能来吗? 오늘 저녁 파티에 그가 올 수 있을까?
Jīntiān de wǎnhuì tā néng lái ma?

❹ 허가, 허용 : ～해도 좋다

주로 여건상, 인정이나 도리상의 '허용'을 나타내며, 의문문이나 부정문에 주로 쓰인다. 긍정할 때는 주로 '可以'를 쓴다.

我能在这儿抽烟吗? 저 여기서 담배 피워도 되나요?(의문)
Wǒ néng zài zhèr chōuyān ma?

公园里的花不能随便摘。 공원에 있는 꽃은 마음대로 꺾어서는 안 된다.(부정)
Gōngyuán li de huā bù néng suíbiàn zhāi.

那儿可以抽烟，这儿不能。 그곳은 흡연할 수 있지만, 이곳은 안 됩니다.(긍정+부정)
Nàr kěyǐ chōuyān, zhèr bù néng.

> ✿ '能够'는 '能'과 비슷하지만, '能'은 능력, 가능성, 허가의 의미가 있는 반면, '能够'는 능력이나 가능성만 나타낸다.

2. 可以

기본적으로 '能'과 의미가 비슷하여 서로 바꾸어 사용할 수 있다.

❶ 능력, 조건 : ～할 수 있다

능력을 나타낼 경우 '可以'의 부정형은 '不能'을 쓴다.

这件事我今天可以办完。 이 일을 난 오늘 마칠 수 있어요.
Zhè jiàn shì wǒ jīntiān kěyǐ bànwán.

这件事我今天不能办完。 이 일을 난 오늘 마칠 수 없어요.
Zhè jiàn shì wǒ jīntiān bù néng bànwán.

❷ 허가 : ~해도 된다
허가의 의미를 나타내는 '可以'의 부정형은 '不能'과 '不可以'를 모두 사용할
수 있다. 하지만 질문에 대한 답변으로 부정형을 쓸 경우에는 주로 '不成'이
나 '不行'을 쓴다.

A: 我可以跟他见面吗? 내가 그 사람 만나도 될까요?
　　Wǒ kěyǐ gēn tā jiànmiàn ma?

B: 不行。Bù xíng. 안돼요.

❸ 가치 : ~할 만하다, ~할 가치가 있다

这个问题可以研究一下。　이 문제는 연구해볼 만하다.
Zhège wèntí kěyǐ yǎnjiū yí xià.

❹ 형용사 용법
'可以'는 조동사 뿐 아니라 형용사로도 쓰여서 '그런대로 괜찮다, 나쁘지 않
다'의 의미를 나타내며 주로 앞에 '还'를 쓴다.

他长得还可以。Tā zhǎng de hái kěyǐ. 그는 그럭저럭 괜찮게 생겼어.

'能'과 '可以'의 차이

둘 다 '능력'과 '허가'의 의미를 지니지만 다음과 같은 차이가 있다.

	能	可以
주로 쓰이는 의미	능력	허가
'능력'의 긍정형	能	可以
'능력'의 부정형	不能	不能
'허가'의 긍정형	可以 ※단, 의문문에선 '能'도 사용	可以
'허가'의 부정형	不能, 不可以, 不成, 不行	不能, 不可以, 不成, 不行
뛰어난 능력	O	X
가치(~할 만하다)	X	O

가장 주의해야 할 점은 '不可以'는 '~하면 안 된다'라는 허가에 대한 부정만 할
뿐, 능력에 대한 부정은 하지 않는다는 점이다.

3. 会

❶ 능력 : ~할 수 있다, (학습을 통해)할 줄 안다

他会开车。Tā huì kāichē. 그는 운전을 할 줄 안다.
他会说汉语。Tā huì shuō Hànyǔ. 그는 중국어를 할 줄 압니다.

❷ 뛰어난 능력 : ~을 잘하다, ~에 능숙하다

他很会说话。Tā hěn huì shuōhuà. 그는 말을 아주 잘합니다.

잠깐주목!!

'能'과 '会'의 차이

❶ 학습을 통한 능력 : 会

他以前不会游泳，现在会了。 그는 이전에는 수영을 못했는데, 지금은 할 줄 알게 되었다.
Tā yǐqián bú huì yóuyǒng, xiànzài huì le.

❷ 본래 있던 능력 복원 : 能

我病好了，现在能吃饭了。 난 병이 다 나아서, 이제 밥을 먹을 수 있게 되었다.
Wǒ bìnghǎo le, xiànzài néng chīfàn le.

❸ 추측 : 아마도 ~일 것이다

明天他不会来。Míngtiān tā bú huì lái. 내일 그는 못 올 거야.
他不会不同意。Tā bú huì bù tóngyì. 그가 동의하지 않을 리 없어.
看样子，明天会下雨。 보아하니, 내일 비가 올 거 같아.
Kàn yàngzi, míngtiān huì xià yǔ.

'会'와 '可能'의 차이

둘 다 '추측'을 나타내지만 다음과 같은 차이가 있다.

	会	可能
품사	조동사	부사
의미	~할 줄 알다(능력) ~일 것이다(추측, 가능)	아마도, 혹시(추측, 가능)
추측 시제	미래	과거, 미래

❶ 미래 추측

明天会下雨。Míngtiān huì xià yǔ. 내일 비가 올 것이다.

明天可能下雨。Míngtiān kěnéng xià yǔ. 내일 아마 비가 올 것이다.

❷ 과거 추측

很可能他已经到家了。 그는 아마 벌써 집에 도착했을 거에요.
Hěn kěnéng tā yǐjing dào jiā le.

❋ '会'는 과거에 대한 추측은 할 수 없다.

4. 想

일반동사로 쓰일 때는 '생각하다, 그립다' 등의 의미를 갖지만, 조동사로 쓰일 때는 '~하고 싶다'의 의미로, 반드시 뒤에 동사가 오며, 앞에는 부사 '很' 등이 올 수 있다.

我很想吃中国菜。 난 중국음식이 너무 먹고싶어.
Wǒ hěn xiǎng chī Zhōngguócài.

你想不想看这部电影? 너 이 영화 보고 싶니?
Nǐ xiǎng bu xiǎng kàn zhè bù diànyǐng.

5. 要

동사로 쓰일 경우 '원하다, 요구하다', 조동사로 쓰이면 '~하려 하다, ~해야 한다'의 의미를 나타낸다.

❶ 소망, 의지 : ~하려 하다
말하는 이의 소망이나 의지를 나타낼 수 있다.

我要去中国。 난 중국에 갈 거야. / 난 중국에 가야 해.
Wǒ yào qù Zhōngguó.

❋ 이처럼 화자의 '소망, 의지'를 나타낼 경우 '要' 앞에 '想'이나 '打算'이 올 수 있다.

你打算要去哪儿?
Nǐ dǎsuan yào qù nǎr?
너 어디 갈 생각이야?

你想要吃什么?
Nǐ xiǎng yào chī shénme?
너 뭐 먹을래?

❷ 필요, 당위성 : ~해야 한다, ~할 필요가 있다

葡萄要洗干净。Pútáo yào xǐ gānjìng. 포도는 깨끗이 씻어야 해.

你要去医院。Nǐ yào qù yīyuàn. 넌 병원에 가야 해.

'필요성'을 강조하는 '要'의 부정형은 '不用 ~할 필요 없다'이며, '당위성'을 강조하는 '要'의 부정형은 '不要 ~해서는 안 된다, ~하지 마라'이다.

你不用看这本书。Nǐ bú yòng kàn zhè běn shū. 너 이 책 볼 필요 없어.

你不要看这本书。Nǐ bú yào kàn zhè běn shū. 너 이 책 보지 마.

❸ 가능, 추측 : ~할 것이다, ~할 것 같다

'会'와 비슷한 의미지만, 주관성이 좀 더 강한 어감을 주며, 앞에 '会'를 쓸 수 있다.

看样子, 会要下雪。 보아하니, 눈이 올 거 같아.
Kàn yàngzi, huì yào xià xuě.

你妈妈今天要来的。 너의 엄마가 오늘 분명히 오실거야.
Nǐ māma jīntiān yào lái de.

6. 肯

他什么也不肯说。 그는 아무것도 말하려 하지 않는다.
Tā shénme yě bù kěn shuō.

只要你肯尽力学习, 我会帮助你的。네가 기꺼이 최선을 다해 공부한다면, 내가 널 도와줄게
Zhǐyào nǐ kěn jìnlì xuéxí, wǒ huì bāngzhù nǐ de.

7. 敢

我敢保证, 他一定是好人。 내가 감히 보증하는데, 그 사람 분명히 좋은 사람이야.
Wǒ gǎn bǎozhèng, tā yídìng shì hǎorén.

8. 愿意

你愿意我怎么做? Nǐ yuànyì wǒ zěnme zuò? 넌 내가 어떻게 하길 바라니?
我非常愿意跟他见面。 난 정말 그와 만나고 싶다.
Wǒ fēicháng yuànyì gēn tā jiànmiàn.

9. 应该, 应当, 应, 该

❶ 필요, 당위성 : (도리상)마땅히 ~해야 한다.

你现在才来呀, 应该早点来。 너 이제야 오다니, 좀 일찍 왔어야지.
Nǐ xiànzài cái lái ya, yīnggāi zǎodiǎn lái.

这是我应该做的, 不用谢我。 이건 제가 당연히 해야 할 일이니, 제게 감사할 필요 없어요.
Zhè shì wǒ yīnggāi zuò de, bú yòng xiè wǒ.

明天你应该来！Míngtiān nǐ yīnggāi lái. 너 내일 꼭 와야 해.

❷ 추측 : 틀림없이 ~일 것이다.

你是个聪明人，应该明白我的意思。 넌 똑똑한 사람이니 내 말을 알아 들었을 거야.
Nǐ shì ge cōngmíngrén, yīnggāi míngbai wǒ de yìsi.

'应该, 应当, 应, 该'의 차이점

'应该, 应当'의 용법은 기본적으로 같고, '应'은 문어체에, '该'는 회화에서 많이 사용한다. 또한 '该'는 아래의 예문처럼 '차례가 되다'라는 동사로도 사용될 수 있다.

该你了。 Gāi nǐ le. 네 차례야.

10. 得

❶ 필요, 당위성 : ～해야 한다, ～을 필요로 하다

有事得跟我商量。　일이 생기면 나와 상의해야 한다.
Yǒu shì děi gēn wǒ shāngliang.

'필요, 당위성'을 나타내는 '得'의 부정형은 '不得'를 쓰지 않고, '不用'이나 '用不着' 등을 써서 '～할 필요가 없다'를 나타낸다.

❷ 추측 : ～일 것이다

你别走，他准得来。　가지마, 그 사람 분명히 올 거야.
Nǐ bié zǒu, tā zhǔnděi lái.

추측의 '得'는 부정형으로 '不得'를 쓸 수 없고, '不会'나 '不可能'을 쓴다.

11. 值得

这个问题值得认真研究。　이 문제는 연구해볼 가치가 있습니다.
Zhège wèntí zhíde rènzhēn yánjiū.

부정형은 '不值得 ～할 가치가 없다'이다.

不值得看。 Bù zhíde kàn.　볼 가치가 없다./볼만하지 않다.

비슷한 의미를 갖는 조동사의 정리

능력	추측, 가능	허가
能，可以，会	能，会，要，得，应该，可能(부사)	能，可以
소망, 의지	필요, 당위성	가치
想，要，愿意，肯，敢	要，应该，应当，该，应，得	可以，值得

❀ '～할 가치가 있다'의 '值得'는 비교적 객관적 의미가 강하고, '可以'는 비교적 주관적 의미가 강하다.

조동사 '可'는 '~할 만하다, ~할 수 있다' 등의 의미로 사자성어에 쓰이는 경우도 종종 있다.

无可救药 wúkě jiùyào 구할 약이 없다. 구제할 길이 없다.

无可奈何 wúkě nàihé   어쩔 수 없다. 어쩔 도리가 없다.

A: 现在的孩子怎么能这样？真是无可救药。요즘 애들은 어쩜 이렇지? 정말 약도 없다니까.
  Xiànzài de háizi zěnme néng zhèyàng? Zhēn shì wúkě jiùyào.

B: 我们老了。代沟是正常的，又是无可奈何的事情。
  Wǒmen lǎo le. Dàigōu shì zhèngcháng de, yòu shì wúkě nàihé de shìqing.
  우리가 늙은거지. 세대차이는 정상적이고 어쩔 수 없는 거야.

연습 문제

1. 다음 중 '~해야 한다'는 당위성의 의미를 갖지 못하는 소동사는'?

  ①要　②得　③应该　④愿意

2. 다음 중 '아마도~일 것이다'라는 추측이나 가능성의 의미가 없는 단어는?

  ①敢　②会　③可以　④可能

■ 다음 문장을 해석하세요.

3. 有事得跟我商量。

4. 明天你应该来！

5. 你不用看这本书。

6. 你是个聪明人，应该明白我的意思。

■ 다음 조동사의 병음과 뜻을 쓰세요.

7. 敢

8. 肯

■ 다음 괄호에 들어갈 조동사를 각각 보기에서 고르세요.

> 会　能

9. 他以前不会游泳，现在(　　)了。

10. 我病好了，现在(　　)吃饭了。

정답

1. ④

2. ①

3. 일이 생기면 나와 상의해야 한다.

4. 너 내일 꼭 와야 해.

5. 너 이 책 볼 필요 없어.

6. 넌 똑똑한 사람이니 내 말을 알아 들었을 거야.

7. gǎn 감히 ~하다, 자진해서 ~하다

8. kěn (자진해서)기꺼이 ~하다

9. 会
※그는 이전에는 수영을 못 했는데, 지금은 할 줄 알게 되었다.

10. 能
※난 병이 다 나아서, 이제 밥을 먹을 수 있게 되었다.

'能'과 '会'는 모두 능력을 나타낼 수 있지만, 학습을 통한 능력에는 '会', 본래 있던 능력이 복원되었을 경우에는 '能'를 써야 한다.

HSK 실전 연습문제

■ 다음 제시된 단어의 알맞은 위치를 고르세요.

1　我们　　　　　（ A ）他（ B ）教（ C ）英语（ D ）。

2　两百块钱　　　（ A ）偷（ B ）了（ C ）我（ D ）。

3　给　　　　　　他（ A ）写（ B ）一封信（ C ）妈妈（ D ）。

4　面　　　　　　我（ A ）见（ B ）了（ C ）他的（ D ）。

5　可以　　　　　你（ A ）去（ B ）不（ C ）去都（ D ）。

■ 괄호 안에 들어갈 알맞은 단어를 고르세요.

6　那儿（　　）抽烟，这儿不能。
　A 能　　　　　B 可以　　　　　C 会　　　　　D 应该

7　他长得还（　　）。
　A 可以　　　　B 要　　　　　C 得　　　　　D 能

8　大学生必须（　　）看这本书。
　A 用　　　　　B 会　　　　　C 要　　　　　D 肯

9　我们当中，数他最（　　）说话。
　A 可以　　　　B 能　　　　　C 应该　　　　　D 要

10　我很（　　）吃中国菜。
　A 用　　　　　B 应该　　　　C 要　　　　　D 想

■ 다음 괄호 안의 단어 대신 써도 문장의 의미가 <u>동일한</u> 것을 고르세요.

11　这个问题 (值得) 认真研究。　　　　A 应该　　B 愿意　　C 可以　　D 应当

12　你是个聪明人，(应该) 明白我的意思。　A 敢　　B 肯　　C 想　　D 会

13　这件事我今天 (可以) 办完。　　　　A 能　　B 应该　　C 要　　D 想

14　看样子，(要) 下雪。　　　　　　　A 敢　　B 会　　C 想　　D 肯

15　偷了我 (那) 两百块钱。　　　　　　A 的　　B 了　　C 一　　D 几

■ 다음 중 괄호 안의 단어 대신 쓰면 문장의 의미가 <u>달라지는</u> 것을 고르시오.

16	请你等 (一会儿)。	A 等	B 一下	C 一等	D 一次
17	你 (要) 去医院。	A 会	B 应该	C 应当	D 得
18	有事 (得) 跟我商量。	A 会	B 应该	C 应当	D 要
19	今天的晚会他 (能) 来。	A 会	B 想	C 可能	D 应该
20	我 (要) 怎么做？	A 应该	B 应当	C 当	D 该

■ 다음을 중국어로 작문하세요. (괄호 안에 주어진 단어가 있다면 그것을 이용하세요.)

21 그곳까지 얼마나 걸리나요?(得)

22 내가 너에게 소식 하나 알려줄게.

23 그가 너를 비웃는다.

24 난 집이 매우 그립다.(想)

25 우리 좀 쉬자.(一下)

26 사진을 찍은 적이 있다.(照相)

27 너 이 책 볼 필요 없어.(不用)

28 이 일을 난 오늘 마칠 수 없어요.(能)

29 그가 동의하지 않을리 없어.(会)

30 보아하니, 내일 비가 올 거 같아.(看样子, 会)

HSK 실전 연습문제
정답 및 해설

1	C
2	D
3	C
4	D
5	D
6	B

※흡연할 수 있지만, 이곳은 안됩니다: '能'은 의문문이나 부정문에서는 '허용(~해도 된다)'을 나타낼 수 있지만, 긍정할 때는 '可以'를 쓴다.

7　A

※그는 그럭저럭 괜찮게 생겼어.

8　C

※대학생은 이 책을 꼭 봐야 한다.: 당위성(~해야 한다)을 나타내는 '要' 앞에는 '得'나 '应该', '必须' 등이 올 수 있다.

9　B

※우리 중에 그가 제일 말을 잘한다.

10　D

※난 중국음식이 너무 먹고 싶어.: 조동사 '想'은 '很' 등의 정도부사 수식을 받을 수 있다.

11　C

※이 문제는 연구해볼 가치가 있습니다.

12　D

※넌 똑똑한 사람이니 내 말을 알아 들었을 거야.

13　A

※이 일을 난 오늘 마칠 수 있어요.

14　B

※보아하니, 눈이 올 거 같아.

15　A

16　D

※동사의 중첩이나 동량사 '一会儿'과 '一下'는 '잠시 동안, 잠깐, 좀' 등의 의미를 나타낸다.

17　A

※~해야 한다

18　A

※~해야 한다

19　B

※~일 것이다

20　C

※~해야 한다

21	到那儿得多长时间?
22	我告诉你一个消息。
23	他笑你。
24	我很想家。
25	我们休息一下。
26	照过相
27	你不用看这本书。
28	这件事我今天不能办完。
29	他不会不同意。
30	看样子，明天会下雨。

CHAPTER 4

형용사와 구별사

형용사

형용사는 크게 성질형용사와 상태형용사 둘로 나눌 수 있다.

성질형용사

성질형용사는 사람이나 사물의 성질이나 속성을 나타내며, 단음절 형용사와 2음절 형용사로 나눌 수 있다.

1. 단음절 성질형용사

✿ 단음절 형용사를 학습할 때 반의어와 함께 외우면 더욱 효과적이다.

慢 màn 느리다	快 kuài 빠르다
早 zǎo 이르다	晚 wǎn 늦다
长 cháng 길다	短 duǎn 짧다
大 dà 크다. (나이가)많다. 들다	小 xiǎo 작다. (나이가)적다. 어리다
多 duō 많다	少 shǎo 적다
高 gāo 높다. (키가)크다	低 dī 낮다 / 矮 ǎi (키가)작다
胖 pàng 뚱뚱하다	瘦 shòu 마르다
冷 lěng 춥다	热 rè 덥다. 뜨겁다
厚 hòu 두껍다	薄 báo 얇다
好 hǎo 좋다	坏 huài 나쁘다
饱 bǎo 배부르다	饿 è 배고프다
黑 hēi 검다	白 bái 희다

잠깐주목!!

'나이가 많다/적다'와 '키가 크다/작다'의 표현법

한국어의 '나이가 많다/적다'는 중국어에서 '多/少'로 표현하지 않고 '大/小'를 쓴다.

> 你还小。 Nǐ hái xiǎo. 넌 아직 어려.
> 我比你大三岁。 Wǒ bǐ nǐ dà sān suì. 내가 너보다 세 살 많아.

한국어의 '키가 크다/작다'는 중국어에서 '大/小'로 표현하지 않고, 보통 '高/矮'를 쓴다.

> 他个子很矮。 Tā gèzi hěn ǎi. 그는 키가 매우 작다.
> 我没有你那么高。 Wǒ méi yǒu nǐ nàme gāo. 난 너만큼 키가 크지는 않아.

2. 2음절 성질형용사

漂亮 piàoliang 예쁘다	聪明 cōngming 총명하다	干净 gānjìng 깨끗하다
便宜 piányi 싸다	高兴 gāoxìng 즐겁다	愉快 yúkuài 유쾌하다

他的女儿长得真漂亮。　그녀의 딸은 정말 예쁘게 생겼어.
Tā de nǚ'ér zhǎng de zhēn piàoliang.

周末快乐！Zhōumò kuàilè! 주말 즐겁게 보내세요!

상태형용사

상태형용사는 사물에 대한 묘사를 표현하며, 아래와 같이 다양한 형태로 이루어진다.

1. 성질형용사의 중첩 형식

성질형용사는 중첩을 하게 되면 묘사의 의미가 더욱 강해지고, 상태형용사로 바뀌게 된다. 성질형용사의 중첩형식은 아래의 세 분류로 나뉜다.

❶ AA 형식 : 단음절 성질형용사의 중첩식

일부는 두 번째 음절이 '儿'화 되어 성조가 1성으로 바뀐다.

小小儿 xiǎoxiāor 조그마한	大大 dàdà 커다란
好好儿 hǎohāor 좋은	长长 chángcháng 기다란
高高 gāogāo 높다란	短短 duǎnduǎn 짤막한

他的鼻子高高的，眼睛大大的，长得真帅。
Tā de bízi gāogāo de, yǎnjing dàdà de, zhǎng de zhēn shuài.
그는 코가 높고, 눈은 크고, 정말 멋지게 생겼어.

❷ AABB 형식 : 2음절 성질형용사의 중첩식

두 번째 음절은 약하게 읽는다.

高高兴兴 gāogao xìngxìng 기쁘다	清清楚楚 qīngqing chǔchǔ 분명하다

他高高兴兴地回家了。　그는 기쁘게 집으로 돌아갔다.
Tā gāogao xìngxìng de huíjiā le.

❸ A里AB 형식

이런 류의 상태형용사는 주로 안 좋은 이미지나 남을 경멸하는 느낌을 나타낸다. 그 수가 많지 않으니 한 단어처럼 암기하는 것이 좋다.

| 糊里糊涂 hú li hútu 어리석다 | 土里土气 tǔ li tǔqì 촌스럽다 |
| 古里古怪 gǔ li gǔguài 이상하다 | 肮里肮脏 āng li āngzāng 더럽다 |

他今天穿得土里土气。 Tā jīntiān chuān de tǔ li tǔqì. 그는 오늘 촌스럽게 입었다.

2. 복합 2음절 상태형용사

복합 2음절 상태형용사는 비유적 의미를 담아 묘사를 나타낸다.

雪白	xuěbái	(눈처럼)희다
冰凉	bīngliáng	(얼음처럼)차다
笔直	bǐzhí	(붓처럼)똑바르다
乌黑	wūhēi	(까마귀처럼)새까맣다
火红	huǒhóng	(불처럼, 불타듯)빨갛다, 열렬하다
闷热	mēnrè	(공기가 안 통하듯이, 답답할 정도로)무덥다
血红	xuèhóng	(피처럼)붉다
飞快	fēikuài	(날아가듯이)빠르다
通红	tōnghóng	(온통 주위가 물들 정도로)붉다

我的手冻得冰凉。 Wǒ de shǒu dòng de bīngliáng. 내 손이 얼음처럼 꽁꽁 얼었다.
白雪公主的皮肤雪白的，真好看。 백설공주의 피부는 눈처럼 새하얀 게, 정말 예쁘다.
Báixuě gōngzhǔ de pífū xuěbái de, zhēn hǎokàn.

3. ABB 형식

冷清清	lěngqīngqīng	스산하다, 썰렁하다
冷凄凄	lěngqīqī	쓸쓸하다
暖洋洋	nuǎnyángyáng	따스하다, 훈훈하다
黑洞洞	hēidòngdòng	컴컴하다
干巴巴	gānbābā	바짝 마르다, 말라서 딱딱하다
胖乎乎	pànghūhū	포동포동하다
胖嘟嘟	pàngdūdū	피둥피둥 뚱뚱하다
热乎乎	rèhūhū	따끈따끈하다
圆乎乎	yuánhūhū	둥그스름하다
绿油油	lǜyōuyōu	짙푸르다, 푸르고 싱싱하다
红通通	hóngtōngtōng	새빨갛다

这间屋子黑洞洞，冷凄凄的。 이 방은 컴컴하고 쓸쓸하다.
Zhè jiān wūzi hēidòngdòng, lěngqīqī de.

这个男孩儿的脸蛋儿胖乎乎的。 이 남자아이의 볼은 통통하다.
Zhège nánháir de liǎndànr pànghūhū de.

她的男朋友长得胖嘟嘟。 그녀의 남자친구는 뒤룩뒤룩 살쪘다.
Tā de nánpéngyou zhǎng de pàngdūdū.

4. A不BC 형식

傻不愣登 shǎ bu lèngdēng 멍하다	黑不溜秋 hēi bu liūqiū 거무칙칙하다, 깜깜하다

黑不溜秋的什么也看不见。 깜깜해서 아무것도 안보여.
Hēi bu liūqiū de shénme yě kàn bu jiàn.

연습 문제

■ 다음 단음절 성질형용사의 병음과 뜻을 쓰세요.

1. 慢

2. 快

3. 早

4. 晚

■ 다음 단음절 성질형용사의 반의어의 한자와 병음을 쓰세요.

5. 长 cháng 길다

6. 大 dà 크다, (나이가)들다

7. 多 duō 많다

■ 다음 상태형용사의 병음과 뜻을 쓰세요.

8. 冰凉

9. 笔直

10. 通红

11. 糊里糊涂

12. 다음 중 상태형용사가 <u>아닌</u> 것은?

①干巴巴　　②雪白
③高兴　　④傻不愣登

13. 다음 문장을 해석하세요.

他高高兴兴地回家了。

정답

1. màn 느리다
2. kuài 빠르다
3. zǎo 이르다
4. wǎn 늦다
5. 短 duǎn
6. 小 xiǎo
7. 少 shǎo
8. bīngliáng
   (얼음처럼)차다
9. bǐzhí
   (붓처럼)똑바르다
10. tōnghóng
    (온통 주위가 물들 정도로)붉다
11. hú li hútu 어리석다
12. ③
13. 그는 기쁘게 집으로 돌아갔다.

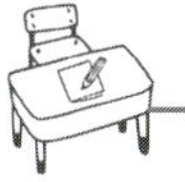

형용사 중첩

중첩한 후의 형용사는 모두 상태형용사에 속한다.

1. 형용사 중첩의 의미상 특징

형용사는 중첩 후 묘사의 의미가 강해져, 더욱 생동감 있는 표현이 되고, 주관적 감정이 강화된다.

2. 형용사 중첩의 문법 특징

❶ 앞에 정도부사/부정부사(不)가 못 온다.

非常高高 (✕)　　很漂漂亮亮 (✕)　　不漂漂亮亮 (✕)

❷ 부사어나 보어로 쓰인다.

동사 앞에서 부사어로 쓰이거나, 동사 뒤에 와서 보어로 쓸 수 있다.

● 부사어

부사어로 쓰일 경우 뒤에 부사어 표시 '地'를 붙인다.

我想舒舒服服地歇一会儿。 난 아주 편안하게 좀 쉬고 싶어.
Wǒ xiǎng shūshu fúfú de xiē yí huìr.

● 보어

我记得清清楚楚的。 Wǒ jì de qīngqing chǔchǔ de. 난 또렷이 기억해.

❸ 술어로 쓰일 때 형용사 뒤에 '的'를 써야 한다.

这家的包子总是热乎乎的，真好吃。
Zhè jiā de bāozi zǒngshì rèhūhū de, zhēn hǎochī.
이 집 만두는 항상 따끈따끈하고, 정말 맛있어.

3. 형용사 중첩의 형식

❶ 성질형용사의 중첩 형식

● 단음절 성질형용사 : AA 형식

小小儿 xiǎoxiāor 조그마한　　好好儿 hǎohāor 좋은
高高 gāogāo 높다란　　大大 dàdà 커다란

● 2음절 성질형용사 : AABB 형식

두 번째 음절은 약하게 읽는다.

高高兴兴 gāogaoxìngxìng 기쁘다　　清清楚楚 qīngqing chǔchǔ 분명하다

❷ 2음절 상태형용사의 중첩 형식 : ABAB 형식

雪白雪白 xuěbái xuěbái 눈처럼 새하얗다
笔直笔直 bǐzhí bǐzhí 매우 곧다

冰凉冰凉 bīngliáng bīngliáng 얼음처럼 차갑다

잠깐주목!!

2음절 동사 중첩 VS 상태 형용사 중첩 VS 성질 형용사 중첩

동사 중첩	ABAB 형식, 비교적 짧은 시간 동안이나 적은 양의 가벼운 시도나 명령	
형용사 중첩	상태 형용사　ABAB 형식	묘사의 강조, 생동감, 주관적 감정 강화
	성질 형용사　AABB 형식	

그런데, 2음절 성질형용사 중 ABAB 중첩형식으로 동사화되어, 동사중첩과 같은 의미(~좀 해보자/해봐라)가 되는 경우가 있다.

让我安静安静，行吗? 나 좀 조용히 있게 해줄래?
Ràng wǒ ānjing ānjing, xíng ma?

이렇게 ABAB형식으로 중첩하여 동사화 될 수 있는 성질 형용사로는 '热闹 rènao, 轻松 qīngsōng, 安静 ānjìng, 冷静 lěngjìng, 明白 míngbai, 快乐 kuàilè, 高兴 gāoxìng, 舒服 shūfu, 清楚 qīngchu' 등이 있다.

형용사 활용~ 회화 쑥쑥!!

형용사는 그 표현이 매우 다양하다. 아래의 단어들은 모두 형용사 '热'와 관련 있지만, 그 뜨거운 정도가 각각 다르다.

- 热乎乎 rèhūhū　(기분 좋게) 따스하다, 따끈따끈하다
- 热烘烘 rèhōnghōng　탈만큼 뜨거운, 무더운
- 热腾腾 rèténgténg　김이 모락모락 날 만큼 뜨거운, 끓어오를 듯 뜨거운

A: 冬天在热烘烘的火炉旁边取暖，身上热乎乎的，心里也会热呼呼的。
　　Dōngtiān zài rèhōnghōng de huǒlú pángbiān qǔnuǎn, shēnshàng rèhūhū de, xīnli yě huì rèhūhū de.
　　겨울에 뜨끈뜨끈한 난로 옆에서 몸을 녹이면, 몸이 따스해지고, 마음도 훈훈해지지.

B: 对，再加上吃点热腾腾的馒头，会更幸福。
　　Duì, zài jiāshàng chī diǎn rèténgténg de mántou, huì gèng xìngfú.
　　맞아, 거기다 김이 모락모락 나는 만두 좀 먹으면, 더 행복하겠지.

1. ○

2. ✕

※중첩된 형용사 앞에는 부사를 붙일 수 없다.

3. ○

4. ✕

※상태형용사의 중첩형식은 ABAB이다.

5. 아주 신나다

※성질형용사를 AABB로 중첩하면 묘사와 생동감이 강조되어 '아주 ~하다'로 해석한다.

6. 신나게 즐기자/즐겨라

※성질형용사를 ABAB로 중첩하면 동사화되어 동사 중첩의 의미 '~좀 해라/~해보자'로 해석한다.

7. 아주 분명하다

8. 분명하게 해라/하자

9. (얼음처럼)차갑다

10. 나 좀 조용히 있게 해줄래?

연습 문제

■ 다음 중 맞는 표현은 O, 틀린 표현은 X 하세요.

1. 非常高　　　（　　）

2. 非常高高　　（　　）

3. 雪白雪白　　（　　）

4. 笔笔直直　　（　　）

■ 다음 중첩형용사의 의미를 쓰세요.

5. 高高兴兴

6. 高兴高兴

7. 清清楚楚

8. 清楚清楚

■ 다음을 해석하세요.

9. 冰凉冰凉

10. 让我安静安静，行吗?

형용사의 문법 특징

1. 형용사의 수식어 역할

형용사의 주된 역할 중 하나는 '형용사구+的+명사구' 형식으로 쓰여, 명사를 수식하는 역할이다. 그러나 형용사의 종류에 따라 명사를 수식할 때 뒤에 '的'가 올 수도, 못 올 수도 있다.

❶ 단음절 성질 형용사와 '的'

● 단음절 성질 형용사+(的)+명사

대부분의 단음절 형용사는 '的'를 생략하고 직접 명사를 수식할 수 있다.

好想法 hǎo xiǎngfǎ 좋은 생각　　　　　新学期 xīn xuéqī 새 학기

新衣服 xīn yīfu 새 옷　　　　　　　白纸 bái zhǐ 백지

短发 duǎn fà 짧은 머리

● 단음절 성질 형용사+的+명사

일부 성질 형용사는 습관적으로 '的'를 쓰지 않으면 안된다.

白家具 bái jiājù (✕)　　　　　　白的家具 bái de jiājù 하얀 가구(○)

短布 duǎn bù (✕)　　　　　　　短的布 duǎn de bù 짧은 천(○)

❷ 2음절 성질형용사

> 유형1　漂亮的姑娘 piàoliang de gūniang 예쁜 아가씨
> 　　　聪明的学生 cōngming de xuésheng 똑똑한 학생
>
> 유형2　老实人 lǎoshi rén 성실한 사람 (○)
>
> 유형3　老实工人 lǎoshi gōngrén 성실한 노동자 (×)

❸ '정도 부사+성질 형용사'와 '的'

'정도 부사+성질 형용사'가 명사를 수식할 경우, 형용사 뒤에 반드시 '的'를 써야 한다.

很白家具 hěn bái jiājù (×)　　很白的家具 hěn bái de jiājù (○) 아주 하얀 가구
很短布 hěn duǎn bù (×)　　很短的布 hěn duǎn de bù (○) 아주 짧은 천
非常漂亮姑娘 fēicháng piàoliang gūniang (×)
非常漂亮的姑娘 fēicháng piàoliang de gūniang (○) 아주 예쁜 아가씨

잠깐주목!!

'多, 少'와 '的'의 관계

'多', '少'는 단음절 형용사이지만, '的' 없이 단독으로 직접 명사를 수식할 수 없다. 명사를 수식하려면 '부사+多/少+중심어' 형식을 쓴다.

教室里有很多学生。 (○) 교실에 많은 학생들이 있다.
Jiàoshì li yǒu hěn duō xuésheng.

教室里有很多的学生。 Jiàoshì li yǒu hěn duō de xuésheng. (×)

教室里有多学生。 Jiàoshì li yǒu duō xuésheng. (×)

❹ 중첩식 형용사/상태 형용사와 '的'

중첩식 형용사는 모두 상태 형용사에 속하며, 상태 형용가 명사를 수식할 경우에는 뒤에 반드시 '的'를 붙여야 하며, 상태 형용사 앞에 정도부사를 붙일 수 없다.

大大的眼睛 dàdà de yǎnjing 커다란 눈
白白的头发 báibái de tóufa 새하얀 머리
雪白的皮肤 xuěbái de pífū 새하얀 피부
热呼呼的包子 rèhūhū de bāozi 따끈따끈한 만두

2. 형용사의 술어 역할

❶ 성질 형용사의 단독 술어

성질 형용사는 술어로 쓰일 경우 보통 앞에 부사가 와야 한다. 단, '비교문/대조문' 혹은 의문에 대한 답변일 때는 홀로 술어가 될 수 있다.

这双鞋合适，那双鞋太大。 이 신발은 맞고, 저 신발은 너무 커.
Zhè shuāng xié héshì, nà shuāng xié tài dà.

(昨天冷,)今天暖和了。 (어제는 추웠는데,) 오늘은 따뜻해졌다.
(Zuótiānleng,) Jīntiān nuǎnhuǒ le.

外面冷，不要出去。 Wàimiàn lěng, bú yào chūqù. 밖은 추우니 나가지마.

A: 你的手表贵不贵？ Nǐ de shǒubiǎo guì bu guì? 네 시계 비싸니?
B: 不贵。 Bú guì. 안 비싸.

❷ '부사+성질형용사' 형식의 술어문

● 정도부사+성질형용사

她很漂亮。 Tā hěn piàoliang. 그녀는 예쁘다.
她特别漂亮。 Tā tèbié piàoliang. 그녀는 굉장히 예쁘다.

● 부정부사+성질형용사

她不漂亮。 Tā bú piàoliang. 그녀는 안 예쁘다.

❸ '중첩식 형용사/상태 형용사+的' 형식의 술어문

중첩식 형용사는 앞에 정도부사를 쓸 수 없으며, 술어가 되려면 강조 어기를 나타내는 '的'를 형용사 뒤에 써줘야 한다.

他的脸红红的。 Tā de liǎn hónghóng de. 그의 얼굴이 새빨갛다.

外面冷轻轻的。 Wàimiàn lěngqīngqīng de. 밖이 스산하다.

복합 2음절 상태형용사 '雪白, 冰凉, 笔直' 등은 주로 관형어나 보어로 많이 쓰인다. 술어로 쓰일 경우에는 보통 중첩을 하고 나서 뒤에 '的'를 붙인다.

她的皮肤雪白雪白的。 그녀의 피부는 눈처럼 새하얗다.
Tā de pífū xuěbái xuěbái de.

3. 형용사의 부사어 역할

❶ 단음절 형용사의 부사어 역할

多 duō	少 shǎo	早 zǎo	晚 wǎn	迟 chí	慢 màn
快 kuài	难 nán	新 xīn	大 dà	轻 qīng 등	

快进来吧。 Kuài jìnlái ba. 빨리 들어오세요.

他经常早来，晚走。 그는 항상 일찍 와서 늦게 간다.
Tā jīngcháng zǎo lái, wǎn zǒu.

他新出了一本书。 Tā xīn chūle yì běn shū. 그는 책을 한 권 새로 냈다.

❷ 다음절 형용사의 부사어 역할

다음절 형용사는 대부분 단독으로 부사어 역할을 하지 못하고, 뒤에 '地'를 붙인 후 부사어로 쓰인다. 정도의 강함을 강조하고 싶다면 중첩한 후 뒤에 '地'를 붙일 수도 있다.

今天咱们痛痛快快地玩吧。 우리 오늘 신나게 놀아보자.
Jīntiān zánmen tòngtong kuàikuāi de wán ba.

他的父亲痛快地答应了。 그의 부친이 속시원하게 허락해 주셨다.
Tā de fùqīn tòngkuài de dāying le.

他每天一个人孤零零地吃饭。 그는 매일 혼자 외로이 밥 먹는다.
Tā měitiān yí ge rén gūlínglíng de chīfàn.

하지만 일부 다음절 형용사는 '地' 없이 단독으로 부사어가 될 수 있다.

| 正确 zhèngquè 정확하다 | 认真 rènzhēn 진지하다 | 热烈 rèliè 열렬하다 |
| 容易 róngyì 쉽다 | 严肃 yánsù 엄숙하다 | |

认真学习。 Rènzhēn xuéxí. 열심히 공부하다.
热烈欢迎。 Rèliè huānyíng. 뜨겁게 환영하다.
容易学。 Róngyì xué. 배우기 쉽다.

4. 형용사의 보어 역할

서술어 뒤에 오는 중국어의 보어는 동작의 상태나 결과를 설명해주는 역할을 한다.

❶ 성질 형용사의 보어 역할

● 결과보어 : 동사의 결과를 나타내는 보어

단음절 성질 형용사는 정도부사 없이 단독으로 동사 뒤에서 '결과보어'로 쓰일 수 있다.

✿ 결과보어　　　p178 참조

我说多了。 Wǒ shuōduō le. 제가 말을 많이 했네요.
他长大了，不是小孩子。 그는 다 컸어요, 아이가 아니에요.
Tā zhǎngdà le, bú shì xiǎoháizi.

● 상태보어 : 동사의 상태를 나타내는 보어

형용사가 상태보어로 쓰일 경우, 주로 앞에 정도부사가 온다. 만약 말투가 아주 단정적 어조거나, '대조문/비교문'이라면 정도부사가 필요 없다.

✿ 상태보어　　　p177 참조

他说得很慢。 Tā shuō de hěn màn. 그는 말을 느리게 한다.
她长得很漂亮。 Tā zhǎng de hěn piàoliang. 그녀는 매우 예쁘게 생겼어.
哥哥学得快，弟弟学得慢。 형은 빨리 배우는데, 동생은 배우는 게 느리다.
Gēge xué de kuài, dìdi xué de màn.

❷ 상태형용사의 보어 역할

상태형용사는 결과보어로는 못 쓰이고, 상태보어로만 쓰인다.

● **중첩식 상태형용사의 보어 역할**

중첩을 한 형용사가 상태보어로 쓰일 경우 뒤에 '的'를 써줘야 한다.

走得远远的。 Zǒu de yuǎnyuǎn de. 멀리 가버리다.

洗得干干净净的。 Xǐ de gāngan jìngjìng de. 아주 깨끗이 씻다.

● **복합 2음절 상태형용사의 보어 역할**

뒤에 '的' 없이 단독으로 상태보어가 될 수 있다.

他的脸涨得通红。 Tā de liǎn zhàng de tōnghóng. 그의 얼굴이 벌겋게 상기되었다.

他的脚冻得冰凉。 Tā de jiǎo dòng de bīngliáng. 그의 발이 꽁꽁 얼었다.

연습 문제

■ 다음 중 맞는 표현에 ○, 틀린 표현에는 ✕ 하세요.

1. 白纸　　　　(　)

2. 白家具　　　(　)

3. 短发　　　　(　)

4. 短布　　　　(　)

5. 老实工人　　(　)

6. 老实人　　　(　)

7. 很白家具　　(　)

8. 很白的家具　(　)

9. 다음 괄호 안에 공통적으로 들어갈 단어를 쓰세요.

大大 (　) 眼睛 커다란 눈

白白 (　) 头发 새하얀 머리

10. 다음 문장이 완전해지도록 괄호 안을 채우세요.

外面 (　)，不要出去。

밖은 추우니, 나가지마.

11. 다음 문장이 대조문이 되도록 괄호 안에 알맞은 형용사를 쓰세요.

哥哥学得快，弟弟学得(　)。

형은 빨리 배우는데, 동생은 배우는 게 느리다.

■ 다음 문장을 해석하세요.

12. 我说多了。

13. 洗得干干净净的。

구별사

구별사는 사물에 대한 구별이나 분류를 나타내는 품사로, 대조를 이루는 쌍이 존재하는 경우가 많은 것이 그 특징이다. 명사나 '的' 앞에만 쓰일 수 있으며, 홀로 문장성분이 될 수 없다.

男 nán 남(의)	女 nǚ 녀(의)	金 jīn 금(의)	银 yín 은(의)
单 dān 홀수의	双 shuāng 짝수의	雌 cí 자(암컷의)	雄 xióng 웅(수컷의)
横 héng 가로의	竖 shù 세로의	慢性 mànxìng 만성의	急性 jíxìng 급성의
天然 tiānrán 천연의	人为 rénwéi 인위적인	大型 dàxíng 대형	小型 xiǎoxíng 소형
个别 gèbié 개별적인	共同 gòngtóng 공통의	主要 zhǔyào 주요한	次要 cìyào 부차적인

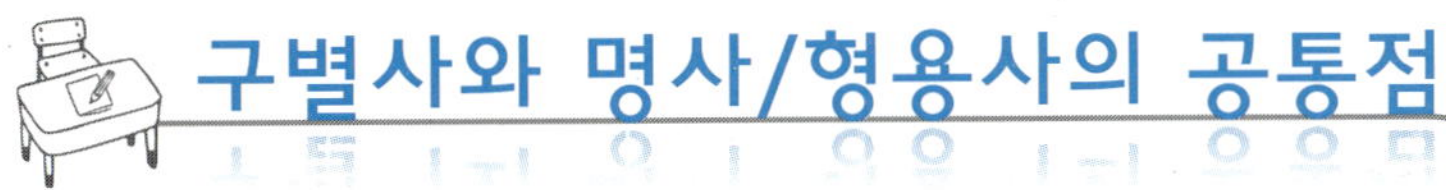

구별사와 명사/형용사의 공통점

'金子'는 명사지만 '金'은 구별사이며, '慢'은 형용사지만 '慢性'은 구별사이다. 이렇게 구별사는 명사/형용사와 다른 품사면서도 매우 비슷해 보이기도 하고, 공통점을 갖고 있기도 해서 명사와 형용사의 중간쯤 되는 품사라고들 한다. 구별사와 명사/형용사의 공통점을 살펴보자.

1. 뒤에 오는 명사를 수식할 수 있다.

❶ 형용사/명사의 명사 수식

老实人 lǎoshi rén   성실한 사람
聪明的学生 cōngming de xuésheng   똑똑한 학생
我的书 wǒ de shū   내 책
老师的书 lǎoshī de shū   선생님 책

❷ 구별사의 명사 수식

男人 nánrén   남자   金镯子 jīnzhuózi   금 팔찌

2. 뒤에 '的'를 써서 명사화 시킬 수 있다.

❶ 형용사+的

聪明的 cōngming de 똑똑한 사람   新的 xīn de 새 것

❷ 명사+的

我的 wǒ de 내 것   老师的 lǎoshī de 선생님 것

❸ 구별사+的

男的 nán de 남자   女的 nǚ de 여자   彩色的 cǎisè de 컬러인 것

형용사와 다른 점

1. 구별사는 홀로 술어로 쓰일 수 없다.

2. 구별사는정도부사의 수식을 못 받는다.

很男 hěn nán (✕)　　很金 hěn jīn (✕)

3. '不'로 부정하지 않고, '非'로 부정한다.

非大型 fēi dàxíng 대형이 아닌　　　非主要 fēi zhǔyào 주요하지 않은
非国营 fēi guóyíng 국영이 아닌

명사와 다른 점

1. 구별사는 홀로 수량사의 수식을 받을 수 없다.

一个女 yí ge nǚ (✕)　　一块金 yí kuài jīn (✕)

2. 구별사는 홀로 주어나 목적어가 될 수 없다.

她是女。Tā shì nǚ. (✕)

구별사의 '명사/명사구' 만들기

구별사는 단독으로 문장성분이 되지 못하므로 반드시 뒤에 명사나 '的'가 와야 한다.

❶ **구별사+명사**
뒤에 '的' 없이 직접 명사를 수식해서 하나의 명사/명사구를 만든다.

男人 nánrén 남자　　　　　　　　　男朋友 nánpéngyou 남자친구
大型企业 dàxíng qǐyè 대형기업　　　小型企业 xiǎoxíng qǐyè 소형기업

❷ **구별사+的**
뒤에 '的'가 와서 '~의 것/~인 것'의 의미로, 명사화 시킬 수 있다.

男的 nán de 남자　　女的 nǚ de 여자　　彩色的 cǎisè de 컬러인 것
这只镯子是金的。Zhè zhī zhuózi shì jīn de. 이 팔찌는 금이야.(금으로 만든 거야)

■ 보기와 같이, 제시된 구별사와 반대 의미를 갖는 구별사를 쓰세요.

> 男 nán 남(의) : 女

1. 金 jīn 금(의) :
2. 天然 tiānrán 천연(의) :
3. 大型 dàxíng (대형) :

■ 다음 구별사의 병음과 뜻을 쓰세요..

4. 主要
5. 次要
6. 个别

■ 다음은 구별사가 직접 명사를 수식해 이루어진 단어입니다. 의미를 쓰세요.

7. 小型企业 xiǎoxíng qǐyè

8. 男朋友 nánpéngyou

■ 다음 문장이 맞으면 O, 틀리면 X 하세요.

9. 这只镯子是金的。 （　）

10. 这只镯子是金。 （　）

정답

1. 银
2. 人为
3. 小型
4. zhǔyào 주요한
5. cìyào 부차적인
6. gèbié 개별적인
7. 소형기업
8. 남자친구
9. O
10. X

※구별사는 홀로 주어나 목적어가 될 수 없으며, 반드시 뒤에 명사나 '的'가 와야만 한다.

구별사 활용~ 회화 쑥쑥!!

살다 보면 좋은 일도 있고 나쁜 일도 있게 마련인데, 가끔은 나쁜 일만 연달아 생길 때가 있다. 이럴 때 쓰는 성어가 바로 '祸不单行'이다. 흔히 '福无双至'와 연결해서 많이 쓰인다. 하지만 재앙이나 복은 정해진 것이 아니라 결국 자신에게 달려있다는 걸 기억하자.

祸不单行 Huòbùdānxíng 재앙은 매번 겹쳐오기 마련이다. 엎친 데 덮친다. 설상가상
祸不单行, 福无双至 Huòbùdānxíng, fúwúshuāngzhì 재앙은 겹쳐오기 마련이고, 복은 연달아 오지 않는다.
祸福由己 Huòfúyóujǐ 화와 복은 정해진 것이 아니라 자기에게 달렸다.

A: 你怎么了？脸色这么差！ Nǐ zěnme le? Liǎnsè zhème chà! 너 왜 그래? 안색이 안 좋은데!

B: 最近没什么好事，只发生坏事。哪能笑啊！
　 Zuìjìn méi shénme hǎoshì, zhǐ fāshēng huàishì. Nǎ néng xiào a!
　 요즘 별다른 좋은 일은 없이, 나쁜 일만 생기는데, 어떻게 웃음이 나겠어!

A: 所以说'祸不单行，福无双至'啊。但是人家还说'祸福由己'嘛。加油！
　 Suǒyǐ shuō 'huòbùdānxíng, fúwúshuāngzhì' a. Dànshì rénjiā hái shuō 'huòfúyóujǐ' ma. Jiāyóu!
　 그래서 다들 '나쁜 일은 겹쳐오고, 복은 연달아 안 온다'고 하지. 하지만 '재앙이나 복은 자기하기 나름'이란 말도 있잖아. 힘내렴!

HSK 실전 연습문제

■ 다음 병음에 알맞은 상태형용사를 쓰세요.

1 xuěbái

2 bīngliáng

3 bǐzhí

4 wūhēi

5 huǒhóng

■ 다음 제시된 단어가 들어갈 가장 적합한 위치를 고르세요.

6 得　　　　她的男（ Ａ ）朋友（ Ｂ ）长（ Ｃ ）胖嘟嘟（ Ｄ ）。

7 大　　　　他（ Ａ ）长（ Ｂ ）了，不是（ Ｃ ）小（ Ｄ ）孩子。

8 冰　　　　他的（ Ａ ）脚（ Ｂ ）冻得（ Ｃ ）凉（ Ｄ ）。

9 新　　　　他（ Ａ ）出（ Ｂ ）了（ Ｃ ）一（ Ｄ ）本书。

10 孤零零地　（ Ａ ）他（ Ｂ ）每天一个人（ Ｃ ）吃饭（ Ｄ ）。

■ 다음 밑줄 그은 단어 대신 쓸 수 있는 가장 적합한 단어를 고르세요.

11 他的脸<u>红红的</u>。
　　A 很红　　　　　B 不红　　　　　C 红红地　　　　D 红的

12 我记得<u>清清楚楚的</u>。
　　A 很清清楚楚的　B 很清楚　　　　C 清清楚楚地　　D 不清楚

13 <u>雪白的</u>皮肤真漂亮。
　　A 很雪白　　　　B 雪白地　　　　C 雪雪的　　　　D 白白的

14 走得<u>很远</u>。
　　A 很远远　　　　B 远远　　　　　C 远远的　　　　D 远远地

15 她的皮肤<u>很白</u>。
　　A 雪白的　　　　B 雪白地　　　　C 白白　　　　　D 雪白雪白的

■ 다음 괄호 안에 들어갈 가장 적합한 단어를 고르세요.

16 他的鼻子高高的，眼睛大大的，长得真(　　)。
A 帅　　　　　　B 丑　　　　　　C 难看　　　　　　D 差

17 我的手冻得(　　)。
A 火红　　　　　B 冰凉　　　　　C 笔直　　　　　　D 热乎

18 我想吃(　　)包子。
A 糊里糊涂　　　B 冰凉　　　　　C 土里土气　　　　D 热呼呼的

19 他今天穿得(　　)。
A 糊里糊涂　　　B 冰凉　　　　　C 土里土气　　　　D 热呼呼的

20 (　　)的皮肤
A 雪白　　　　　B 笔直　　　　　C 主要　　　　　　D 次要

■ 다음을 중국어로 작문하세요. (괄호 안에 주어진 단어가 있다면 그것을 이용하세요.)

21 새 학기

22 부차적인 문제

23 뜨겁게 환영하다.

24 배우기 쉽다.

25 그는 말을 느리게 한다.

26 형은 빨리 배우는데, 동생은 배우는 게 느리다.

27 이 팔찌는 금이야.(금으로 만든 거야)

28 만성은 고치기 힘들어.(慢性)

29 밖은 추우니 나가지 마.

30 교실에 많은 학생들이 있다.

HSK 실전 연습문제
정답 및 해설

1 雪白
※(눈처럼)희다

2 冰凉
※(얼음처럼)차다

3 笔直
※(붓처럼)똑바르다

4 乌黑
※(까마귀처럼)새까맣다

5 火红
※(불처럼)빨갛다

6 C
※그녀의 남자친구는 뒤룩뒤룩 살쪘다.

7 B
※그는 다 컸어요, 아이가 아니에요.

8 C
※그의 발이 꽁꽁 얼었다.

9 A
※그는 책을 한 권 새로 냈다.

10 C
※그는 매일 혼자 외로이 밥 먹는다

11 A

12 B
※중첩형용사 앞에는 정도부사가 올 수 없다.

13 D
※상태형용사 앞에는 정도부사가 올 수 없다.

14 C
※중첩을 한 형용사가 상태보어로 쓰일 경우 뒤에 '的'
 를 써야한다.

15 D
※복합 2음절 상태형용사 '雪白, 冰凉, 笔直' 등이 술
 어로 쓰일 경우에는 보통 중첩을 하고 나서 뒤에
 '的'를 붙인다.

16 A
※잘생기다, 멋지다

17 B
※얼음처럼 차갑다

18 D
※따끈따끈하다

19 C
※촌스럽다

20 A
※눈처럼 새하얗다

21 新学期

22 次要的问题

23 热烈欢迎。

24 容易学。

25 他说得很慢。

26 哥哥学得快，弟弟学得慢。

27 这只镯子是金的。

28 慢性的难治。

29 外面冷，不要出去。

30 教室里有很多学生。

CHAPTER 5

부사

부사

부사는 HSK의 문법문제에서 많은 비율을 차지하는 품사이기도 하다. 시간, 장소, 범위, 정도, 범위, 부정 등을 나타내며, 대부분 단독으로 문장을 구성할 수 없고, 주로 동사나 서술어를 수식하는 역할을 한다.

부사의 종류

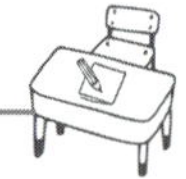

1. 시간부사

동작이 발생하거나 상태가 지속되는 시간을 나타낸다.

快 kuài 곧, 빨리	马上 mǎshàng 곧
才 cái 이제야, 겨우	就 jiù 곧, 벌써
都 dōu 벌써, 이미	立刻 lìkè 바로, 즉시
已(经) yǐjing 이미	曾经 céngjīng 일찍이
正 zhèng 지금, 막	正在 zhèngzài 때마침 ~하고 있다
早(就) zǎojiù 일찍, 벌써	向来 xiànglái 지금껏, 지금까지
从来 cónglái 이제껏	一直 yìzhí 줄곧, 계속
一向 yíxiàng 줄곧, 내내	刚刚 gāng(gāng) 막, 방금
刚好 gānghǎo 마침, 딱(조건이 딱 맞다) = 恰好 qiàhǎo	
将(要) jiāng(yào) 곧, 장차 = 快要 kuàiyào = 就要 jiùyào	

2. 정도부사

상태의 정도를 나타낸다.

很 hěn 매우	极 jí 극히
更(加) gèng(jiā) 더욱	太 tài 너무
还 hái 한층 더	真 zhēn 정말
最 zuì 가장, 제일, 최고	顶 dǐng 제일, 최고
相当 xiāngdāng 상당히	比较 bǐjiào 비교적
非常 fēicháng 대단히	十分 shífēn 대단히
格外 géwài 대단히, 특히	特别 tèbié 특히
稍(微) shāo(wēi) 조금, 잠시	

3. 빈도부사

동작이나 상태의 발생 빈도를 나타낸다.

又 yòu 또	再 zài 다시	还 hái 또, 아직, 여전히
也 yě ~도 역시	经常 jīngcháng 언제나	往往 wǎngwǎng 항상
偶尔 ǒu'ěr 가끔	总 zǒng 항상, 결국	老 lǎo 언제나, 매우
常常 chángcháng 자주	时常 shícháng 늘	不断 búduàn 끊임없이

4. 범위부사

동작이 발생하거나 상태가 지속되는 범위를 나타낸다.

都 dōu 모두, 벌써	全 quán 전부	才 cái 겨우
另外 lìngwài 그 외에	只 zhǐ 단지	仅仅 jǐnjǐn ~만
一起 yìqǐ 같이 = 一同 yìtóng = 一块儿 yíkuàir		
一共 yígòng 모두 합해서 = 总共 zǒnggòng		完全 wánquán 완전히

5. 양태부사

동작이나 상태를 묘사한다.

亲自 qīnzì 직접	互相 hùxiāng 서로
逐步 zhúbù (단계적으로) 점점, 점차	顺便 shùnbiàn ~하는 김에
仍然 rēngjrán 여전히 = 仍旧 rēngjiù	
渐渐(地) jiànjiàn(de) (자연스럽게) 점점 = 逐渐 zhújiàn	
忽然(间) hūrán(jiān) 갑자기 = 突然(间) tūrán(jiān) = 猛然(间) měngrán(jiān)	

잠깐주목!!

'突然'의 특별함

부사 '忽然(间), 突然(间), 猛然(间)'은 모두 동의어지만, 그 중 '突然'만 '갑작스럽다'라는 형용사로도 쓰인다.

大家都觉得这件事很突然。　모두들 이 일이 매우 갑작스럽다고 느꼈다.
Dàjiā dōu juéde zhè jiàn shì hěn tūrán.

6. 어기부사

말하는 이의 감정이나 태도를 나타낸다.

可 kě 정말로	难道 nándào 설마	倒 dào 차라리, 오히려
却 què 오히려	差点儿 chà diǎnr 하마터면	几乎 jīhū 거의
究竟 jiūjìng 도대체, 결국	一定 yídìng 반드시	老 lǎo 언제나, 매우
毕竟 bìjìng 결국	到底 dàodǐ 도대체, 마침내	终于 zhōngyú 마침내, 결국
偏偏 piānpiān 하필이면	反正 fǎnzhèng 어쨌든	果然 guǒrán 과연
居然 jūrán 의외로	简直 jiǎnzhí 그야말로	本来 běnlái 본래
原来 yuánlái 알고 보니	也许 yěxǔ 아마 = 恐怕 kǒngpà	
大概 dàgài 대략 = 大约 dàyuē	好在 hǎozài 다행히, 운 좋게	
幸亏 xìngkuī 다행히 = 幸好 xìnghǎo = 幸而 xìng'ér		

7. 부정부사

동작이나 상태를 부정한다.

不 bù ~하지 않다	没 méi 아직 ~하지 않다	别 bié ~하지 말아라
甭 béng ~할 필요 없다	未 wèi 아직 ~하지 않았다	

정답

1. mǎshàng
2. céngjīng
3. zuì
4. shāowēi
5. ǒu'ěr
6. dàodǐ
7. 그야말로
8. 하마터면
9. 서로
10. 그 외에, 별도로
11. 의외로, 뜻밖에
12. 설마
13. 大约
14. 仍旧
15. 总共

연습 문제

■ 다음 단어의 병음을 쓰세요.

1. 马上
2. 曾经
3. 最
4. 稍微
5. 偶尔
6. 到底

■ 다음 단어들의 뜻을 쓰세요.

7. 简直 jiǎnzhí
8. 差点儿 chà diǎnr
9. 互相 hùxiāng
10. 另外 lìngwài
11. 居然 jūrán
12. 难道 nándào

■ 다음 단어들의 동의어를 쓰세요.

13. 大概 =
14. 仍然 =
15. 一共 =

부사 '总'과 '老'는 비슷한 의미면서도 다음과 같은 약간의 차이가 있다.

总	ⓐ 항상	ⓑ 대략(추측을 나타냄)	ⓒ 결국
老	ⓐ 항상	ⓑ 매우(정도가 심함을 나타냄)	

A: 这件事可不简单。我们怎么办？ 이번 일은 간단치 않아. 우리 어쩌지?
　　Zhè jiàn shì kě bù jiǎndān. Wǒmen zěnme bàn?

B: 不要着急，问题总会解决的。 조급해 하지마, 문제는 결국 해결될 거야.
　　Bú yào zháojí, wèntí zǒng huì jiějué de.

A: 你对事情老这么乐观，真羡慕你。 넌 항상 그렇게 낙관적이구나, 정말 부럽다.
　　Nǐ duì shìqing lǎo zhème lèguān, zhēn xiànmù nǐ.

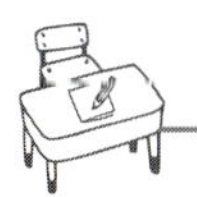

부사의 위치

1. 부사+서술어

부사의 주요 기능은 서술어 앞에서의 부사어 역할이다. 대부분의 서술어는 동사나 형용사이지만, 간혹 다른 형태의 서술어가 올때도 있다.

❶ 부사+동사구/형용사구 서술어

再吃点儿。Zài chī diǎnr. 더 드세요.
已经毕业了。Yǐjing bìyè le. 이미 졸업했다.
非常好。Fēicháng hǎo 대단히 좋다.
我也想去。Wǒ yě xiǎng qù. 나도 가고 싶어.

❷ 부사+명사구 서술어

명사구가 서술어가 되는 경우는 대부분 시간, 범위 등을 나타낸다.

他今年才十五岁。 그는 올해 겨우 열다섯 살이야.
Tā jīnnián cái shíwǔ suì.

都春节了，时间过得真快。 벌써 설날이라니, 시간 정말 빠르다.
Dōu Chūnjié le, shíjiān guò de zhēn kuài.

他们结婚已经五年了。 그들은 결혼한지 이미 5년이 되었다.
Tāmen jiéhūn yǐjing wǔ nián le.

差不多十个人还没来。 거의 10명 정도가 아직 안 왔어.
Chà bu duō shí ge rén hái méi lái.

✿ 만약 동사 앞에 개사구가 있다면 부사는 개사구 앞에 위치한다.

我常常在那家饭馆吃饭。
Wǒ chángcháng zài nà jiā fànguǎn chīfàn.
나는 자주 그 식당에서 밥을 먹어.

✿ 따라서 명사구 서술어 앞에 쓰이는 부사는 예문의 '才, 都, 已经, 差不多' 등과 같은 시간부사나 범위부사가 된다.

2. 부사+주어

일부 부사는 서술어가 아닌 주어 앞, 혹은 문장 맨 앞에 놓여서 사물에 대한 판단이나 추측, 의심 등을 나타낼 수 있다. 이런 부사를 '문장 부사'라고도 한다.

虽然看起来他很笨，不过其实他很聪明。
Suīrán kàn qǐlái tā hěn bèn, búguò qíshí tā hěn cōngming.
비록 보기에는 그가 멍청해 보이지만, 사실 그는 매우 똑똑하다.

难道你不相信吗? 설마 너 못 믿는 거야?
Nándào nǐ bù xiāngxìn ma?

也许他已经结婚了。 어쩌면 그는 벌써 결혼했을지도 몰라.
Yěxǔ tā yǐjing jiéhūn le.

3. 전체부정과 부분부정에서의 부사 위치

❶ 전체부정 : 都+不~

他们都不是中国人。 그들은 모두 중국인이 아닙니다.
Tāmen dōu bú shì Zhōngguórén.

❷ 부분부정 : 不+都~

他们不都是中国人。 그들 모두가 중국인인건 아닙니다.
Tāmen bù dōu shì Zhōngguórén.

부사활용~ 성어 톡톡!!

'이미 지나간 일에 대해서 그 잘잘못을 묻지 않는다'라는 성어를 '既往不咎(=不咎既往)'라고 한다. 지나간 일보다는 앞으로 어떻게 하느냐가 더 중요하다는 것을 잊지 말고, 오늘부터 새로운 마음으로 중국어에 더욱 매진하자.

| 既 | ⓐ 부사 : 이미, 벌써 |
| | ⓑ 접사 : (부사 '又, 也' 등과 호응) ~할 뿐 아니라 |

A: 老板，真对不起。这件事我来负责任，我离开公司。
　　Lǎobǎn, zhēn duìbuqǐ. Zhè jiàn shì wǒ lái fù zérèn, wǒ líkāi gōngsī.
　　사장님 정말 죄송합니다. 이 일은 제가 책임을 지고, 회사를 떠나겠습니다.

B: 你别走。我既往不咎了，以后更认真工作吧。
　　Nǐ bié zǒu. Wǒ jìwǎng bújiù le, yǐhòu gèng rènzhēn gōngzuò ba.
　　가지 말게. 과거 잘못은 묻지 않을 테니, 앞으로 더욱 열심히 일하게.

■ 다음 문장의 해석에 알맞은 부사를 보기에 서 골라 쓰세요.

| 再　非常　已经 |

1. (　　) 吃点。더 드세요.

2. (　　) 毕业了。이미 졸업했다.

3. (　　) 好。대단히 좋다.

■ 다음 문장의 어순이 맞으면 O, 틀리면 X 하 세요.

4. 我常常在那家饭馆吃饭。 (　　)

5. 我在那家饭馆常常吃饭。 (　　)

6. 我也想去看电影。 (　　)

7. 我想去也看电影。 (　　)

■ 다음 문장을 해석하세요.

8. 他今年才十五岁。

9. 都春节了，时间过得真快。

10. 差不多十个人还没来。

■ 보기에서 가장 알맞은 부사를 골라 괄호 안 을 채우세요.

| 也许　难道　其实 |

11. (　　) 你不相信吗？
사마 너 못 믿는 거야?

12. (　　) 他已经结婚了。
어쩌면 그는 벌써 결혼했을 지도 몰라.

13. (　　)他很聪明。
사실 그는 아주 똑똑하다.

■ '都'의 위치에 주의하여, 다음 제시된 단어를 어순에 맞도록 배열하여 문장을 만들어 보세 요.

| 都　他们　中国人　不　是 |

14. 그들은 모두 중국인이 아닙니다.
(전체부정)

15. 그들 모두가 중국인인건 아닙니다.
(부분부정)

부사의 문법 특징

1. 부사 표지 '地'

❶ 일부 쌍음절 형용사+地

他高兴地回家了。 Tā gāoxìng de huíjiā le. 그는 기쁘게 집으로 돌아갔다.

勉强地吃了一碗饭。 Miǎnqiǎng de chīle yì wǎn fàn. 억지로 밥 한 그릇을 먹었다.

2. 부사어 역할

我们都是韩国人。 Wǒmen dōu shì Hánguórén. 우리는 모두 한국인이다.

他也是韩国人。 Tā yě shì Hánguórén. 그 사람도 한국인이야.

3. 보어 역할

'极, 很' 등의 극히 소수 부사는 술어 뒤에서 보어로 쓰이기도 한다.

❶ 술어+极 : 극히 ~하다

这道菜好吃极了。 Zhè dào cài hǎochī jí le. 이 음식은 정말 끝내주게 맛있다.

好极了, 就这样吧。 Hǎojí le, jiù zhèyàng ba. 아주 좋아, 그렇게 하자.

❷ 술어+得+很 : 매우 ~하다

这样的衣服多得很。 Zhèyàng de yīfu duō de hěn. 이런 옷은 아주 널렸어.

4. 연결 역할

일부 부사는 두 개의 동사(구)나 형용사(구)를 연결시킬 수 있다.

❶ 하나의 부사로 구를 연결

动都不动。 Dòng dōu bú dòng 꼼짝도 안 하다.

死也不说。 Sǐ yě bù shuō. 죽어도 말 안 한다.

❷ 두 개의 부사로 구를 연결

● 又A又B = 既A又B : A 이면서 B 이기도 하다

又聪明又漂亮。 Yòu cōngming yòu piàoliang. 똑똑하고 예쁘다.

她既聪明又善良。 그녀는 똑똑하면서 마음씨도 착하다.
Tā jì cōngming yòu shànliáng.

● 越A越B : A할수록 B하다

雨越下越大。 Yǔ yuè xià yuè dà. 비가 점점 많이 내린다.

● 非 ~不可 : ~하지 않으면 안 된다

非去不可。Fēi qù bù kě. 가지 않으면 안 된다.

● 再 ~也 : 아무리 더 ~해도

再困难也不放弃。Zài kùnnan yě bú fàngqì. 아무리 힘들어도 포기하지 않는다.

❸ 연결사/개사와 함께 앞·뒤 연결

● 연결사와 호응: 不管/无论~也/都 아무리~라 해도, ~이든 상관 없이

不管天气好不好，我都得去。 날씨가 좋건 안 좋건. 난 가야만 해.
Bùguǎn tiānqì hǎo bu hǎo, wǒ dōu děi qù.

他不管怎么忙，每天都学习汉语。 그는 아무리 바빠도, 매일 중국어 공부를 한다.
Tā bùguǎn zěnme máng, měitiān dōu xuéxí Hànyǔ.

不管多困难，也得继续努力。 아무리 힘들어도 계속 노력해야 해.
Bùguǎn duō kùnnan, yě děi jìxù nǔlì.

无论做什么事，他都非常认真。 무슨 일을 하든. 그는 매우 열심히 한다.
Wúlùn zuò shénme shì, tā dōu fēicháng rènzhēn.

● 개사와 호응 : 连~也/都 ~조차도

我连他的名字也不知道。 나는 그의 이름조차도 몰라요.
Wǒ Lián tā de míngzi yě bù zhīdào.

连你也不相信我吗? 당신조차 저를 못 믿나요?
Lián nǐ yě bù xiāngxìn wǒ ma?

■ 다음 괄호 안에 들어갈 부사는 형용사 뒤에 부사표지 '地'를 붙여 이루어진 것들입니다. 보기 안에서 알맞은 부사를 골라 괄호 안에 쓰세요.

> 勉强地　高兴地

1. 他(　　　)回家了。
그는 기쁘게 집으로 돌아갔다.

2. (　　　)吃了一碗饭。
억지로 밥 한 그릇을 먹었다.

■ 다음 문장의 어순이 맞으면 O, 틀리면 X 하세요.

3. 这道菜好吃极了。　　　　(　　)

4. 这道菜好吃得极了。　　　(　　)

5. 这样的衣服多很。　　　　(　　)

6. 这样的衣服多得很。　　　(　　)

■ 다음 괄호 안에 적당한 부사를 쓰세요.

7. 我们(　　)是韩国人。
우리는 모두 한국인이다

8. 他(　　)是韩国人。
그 사람도 한국인이야.

9. 雨(　　)下越大。
비가 점점 많이 내린다.

10. 她既聪明(　　)善良。
그녀는 총명하면서 마음씨도 착하다.

■ 다음 문장을 해석하세요.

11. 连你也不相信我吗?

12. 我连他的名字也不知道。

정답

1. 高兴地

2. 勉强地

3. O

※'极, 很' 등의 극히 소수 부사는 술어 뒤에서 보어로 쓰이는데, '极'는 술어 바로 뒤에 쓰인다.

4. ✕

5. ✕

※'很'이 보어로 쓰일 경우 '술어+得+很' 형식이 된다.

6. O

7. 都

8. 也

9. 越

※'越A越B' A 할수록 B하다

10. 又

※'既A又B' A이면서 B이기도 하다

11. 당신조차 저를 못 믿나요?

12. 나는 그의 이름조차 몰라요.

자주 쓰이는 부사들

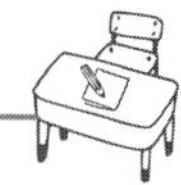

1. 就

❶ 시간이 이르거나 빠름을 나타냄

- **즉시, 곧**

  他马上就回来。Tā mǎshàng jiù huílái. 그는 곧 돌아옵니다.

  他很聪明，一听就明白。 그는 매우 총명해서, 한 번 들으면 곧 안다.
  Tā hěn cōngming, yì tīng jiù míngbai.

- **이미, 벌써**

  他九点就到了。Tā jiǔ diǎn jiù dào le. 그는 9시에 벌써 도착했다.

  我早就知道了。Wǒ zǎojiù zhīdào le. 난 벌써부터 알고 있었다.

❷ 수량이 많거나 적음을 강조

- **수량이 많음을 나타냄 : '就'를 약하게 읽는다.**

  他一天就吃五顿饭。Tā yì tiān jiù chī wǔ dùn fàn. 그는 하루에 다섯 끼나 먹는다.

- **수량이 적음을 나타냄 : '就'를 강하게 읽는다. = 只**

  北京我就去过一次。Běijīng wǒ jiù qùguo yí cì. 북경에 난 한 번 밖에 안 가봤다.

  我就(有)一本，你别拿走。 난 한 권뿐이니, 가져가지 마.
  Wǒ jiù (yǒu) yì běn, nǐ bié názǒu.

❸ 단지, 오직 : 범위의 한정됨을 나타낸다.

  我就要这个。 저 이걸로 할게요.(다른 것은 필요 없어요.)
  Wǒ jiù yào zhège.

  就你一个人还没吃饭。 너 혼자만 아직 밥을 안 먹었다.
  Jiù nǐ yí ge rén hái méi chīfàn.

2. 才

❶ 이제야, 비로소, 그제서야

시간이 늦거나, 수량이 많음을 나타내며, '才'가 시간이나 수량을 나타내는 말의 뒤에 온다.

他九点就来了，你怎么(现在)才来。
Tā jiǔ diǎn jiù lái le, nǐ zěnme (xiànzài) cái lái.
그는 9시에 벌써 왔는데, 넌 어째서 이제야 오니.

他明天才能到。Tā míngtiān cái néng dào. 그는 내일에야 도착할 수 있다.

吃了两碗饭才饱了。 밥을 두 그릇 먹고서야 배가 불렀다.
Chīle liǎng wǎn fàn cái bǎo le.

❷ 겨우

시간이 빠르거나, 수량이 적음을 나타내며, '才'가 시간이나 수량을 나타내는
말의 앞에 온다.

她才十七岁，怎么能结婚呢。그녀는 이제 겨우 17살인데, 어떻게 결혼할 수 있겠어.
Tā cái shíqī suì, zěnme néng jiéhūn ne.

才买半斤，一定不够。겨우 세 근 사다니, 분명 부족할거야.
Cái mǎi bàn jīn, yídìng bú gòu.

❸ 막, 방금 = 刚

他才走。 Tā cái zǒu. 그는 방금 갔다.

我才要给你打个电话，你就来了。 지금 막 너에게 전화하려 했는데, 네가 왔구나.
Wǒ cái yào gěi nǐ dǎ ge diànhuà, nǐ jiù lái le.

❹ 才+부정형 : 절대 ～하지 않겠다, 전혀 ～할 생각 없다

주로 뒤에 '不'가 오며, 긍정문에 쓰일 경우 뒤에 '懒得'와 같은 부정적 의미
의 단어가 온다.

我才不相信。Wǒ cái bù xiāngxìn. 난 절대 안 믿는다.

我才懒得写信呢。Wǒ cái lǎnde xiěxìn ne. 난 정말 편지 쓰기 싫어.

3. 都

❶ 모두

범위부사 '都'가 총괄하는 대상은 '都' 앞의 주어이다.

我们都是大学生。Wǒmen dōu shì dàxuésheng. 우린 모두 대학생이다.

하지만 의문문에서는 총괄 대상이 '都' 뒤에 오는 목적어가 된다.

你都去过哪儿? Nǐ dōu qùguo nǎr? 넌 어디어디 가봤니?

❷ 벌써 = 已经

菜都凉了。Cài dōu liáng le. 음식이 벌써 식었어요.

你都三十多岁了，快结婚吧。 너 벌써 서른이 넘었어, 어서 결혼해라.
Nǐ dōu sānshí duō suì le, kuài jiéhūn ba.

❸ ～조차도 = 也

连小孩儿都知道。 Lián xiǎoháir dōu zhīdào. 어린 아이조차도 안다.

4. 也

❶ ～도

我们也唱歌儿，也画画儿。 우리는 노래도 하고, 그림도 그린다.
Wǒmen yě chànggēr, yě huàhuàr.

你去，我也去。 Nǐ qù, wǒ yě qù. 네가 가면, 나도 간다.

他前天也来了，昨天也来了。 그는 엊그제도 왔고, 어제도 왔어.
Tā qiántiān yě lái le, zuótiān yě lái le.

❷ 아무리 ～해도

你不说我也相信你。 네가 말 안 해도 난 널 믿어.
Nǐ bù shuō wǒ yě xiāngxìn nǐ.

不管天气怎么样，也要去。 날씨가 어떻든, 그래도 가야 해.
Bùguǎn tiānqì zěnmeyàng, yě yào qù.

即使不成功，也不能放弃。 설사 성공하지 못하더라도, 포기하면 안돼.
Jíshǐ bù chénggōng, yě bù néng fàngqì.

❸ ～조차도 = 都

他头也不抬，认真学习。 그는 고개도 안 들고 열심히 공부한다.
Tā tóu yě bù tái, rènzhēn xuéxí.

看也不看。 Kàn yě bú kàn. 보지도 않는다.

5. 总

❶ 추측, 짐작, 대략

总有一天你会知道的。 언젠간 알게 될 거야.
Zǒng yǒu yì tiān nǐ huì zhīdào de.

他们结婚了总有十多年了。 그들이 결혼한 지 10여 년쯤 됐다.
Tāmen jiéhūnle zǒng yǒu shí duō nián le.

❷ 늘, 항상 = 老(是)
지속적이고 변하지 않음을 나타내며, 뒤에 '是'가 올 수 있다.

你总是这么漂亮。 당신은 항상 이렇게 아름답군요.
Nǐ zǒngshì zhème piàoliang.

❸ 결국, 마침내

别担心，这种困难总会克服的。 걱정마. 이런 어려움은 결국 극복할거야.
Bié dānxīn, zhè zhǒng kùnnan zǒng huì kèfú de.

6. 老

❶ 늘, 줄곧, 항상 : 어떤 동작이나 상태가 지속적으로 유지됨 = 总(是)

老给你麻烦，真不好意思。 늘 폐만 끼치고, 정말 죄송해요.
Lǎo gěi nǐ máfan, zhēn bù hǎo yìsi.

❷ 매우, 아주 : 정도가 심함을 나타낸다. = 很

老长的头发 lǎo cháng de tóufa 아주 긴 머리
他的个子老高老高的。 그는 키가 아주 커.
Tā de gèzi lǎo gāo lǎo gāo de.

7. 差点儿

❶ 差点儿+(没)+바라지 않던 일 : 하마터면 (바라지 않는 일이) 일어날 뻔했다
: 안 일어나서 다행

뒤의 동사가 긍정형이든 부정형이든 문장의 의미는 동일하다.

差点儿没死。 Chà diǎnr méi sǐ. 하마터면 죽을 뻔했다.
= 差点儿死了。 Chà diǎnr sǐ le.
差点儿(没)滑倒。 Chà diǎnr (méi) huádǎo. 자칫 미끄러져 넘어질 뻔했다.

❷ 差点儿+没+바라던 일 : 하마터면 (바라던 일이) 이루어지지 않을 뻔했다
: 이루어져서 다행 = 几乎

뒤의 동사는 반드시 부정형이다.

差点儿没买到。 chà diǎnr méi mǎidào. 하마터면 못 살 뻔했어.
差点儿没考上。 chà diǎnr méi kǎoshàng. 하마터면 시험에 떨어질 뻔했어.

❸ 差点儿+바라던 일 : 애석하게 (바라던 일이) 이루어지지 않았다
뒤의 동사는 긍정형이며, 대체로 앞에 '就'가 온다.

差点儿就买到了。 Chà diǎnr jiù mǎidào le. 잘하면 살 수 있었는데.
差点儿考上了大学。 잘하면 대학에 붙을 수 있었는데.
Chà diǎnr kǎoshàngle dàxué.

1. chà diǎnr
2. zǒngshì
3. cái
4. 几乎
5. 总
6. 已经
7. 也
8. 그는 9시에 벌써 도착
   했다.
9. 하마터면 죽을 뻔했다.
10. 하마터면 죽을 뻔했다.
※ '差点儿'이 '하마터면 어떤
   일이 일어날 뻔했다', 즉
   안 일어나서 다행이라는
   의미일 경우, 뒤의 동사가
   긍정이든 부정이든 문장
   의 의미는 동일하다.
11. 하마터면 시험에 떨어
   질 뻔했어.
※ '差点儿+没+바라던 일'
   : 하마터면 (바라던 일이)
   이루어지지 않을 뻔했다.
12. 就
13. 才

연습 문제

■ 다음 단어의 병음을 쓰세요.

1. 差点儿

2. 总是

3. 才

■ 다음 밑줄 친 단어 대신 들어갈 수 있는 동
의어를 보기에서 골라 쓰세요.

총 已经 几乎 也

4. <u>差点儿</u>没买到。
   하마터면 못 살 뻔했어.　　　(＝　　)

5. <u>老</u>给你麻烦，真不好意思。
   늘 폐만 끼치고, 정말 죄송해요.　(＝　　)

6. 菜<u>都</u>凉了。
   음식이 벌써 식었어요.　　　(＝　　)

7. 连小孩儿<u>都</u>知道。
   어린아이조차도 안다.　　　(＝　　)

■ 다음 문장을 해석하세요.

8. 他九点就到了。

9. 差点儿没死。

10. 差点儿死了。

11. 差点儿没考上。

■ 다음 괄호 안에 공통으로 들어갈 단어를 쓰
세요.

12. 马上(　)回来。

    北京我(　)去过一次。

    我早(　)知道了。

13. 她(　)十七岁，怎么能结婚呢。

    我(　)不相信。

유사한 부사들의 비교

1. 又, 再, 还

공통점 : 동작이나 상태의 중복, 반복을 나타내는 빈도부사

❶ 又

● 같은 동작/상태의 반복적 발생 : 주로 이미 일어난 상황을 나타냄

你比以前又长高了<u>一些</u>。　너 예전보다 또 좀 컸구나.
Nǐ bǐ yǐqián yòu zhǎnggāole yìxiē.

你昨天来过，今天又来了。　너 어제 왔었으면서, 오늘 또 왔구나.
Nǐ zuótiān láiguo, jīntiān yòu lái le.

● 다른 동작/상황이 연달아 발생, 혹은 동시에 존재

刚吃完饭，他又出去了。　그는 막 밥을 먹고는, 또 나갔다.
Gāng chīwán fàn, tā yòu chūqù le.

这件衣服又便宜又好看。　이 옷은 싸고 예쁘다.
Zhè jiàn yīfu yòu piányi yòu hǎokàn.

● 어기를 나타냄 : 부정, 반어문의 어기

我又不是鬼，你怕什么？　내가 귀신도 아니고, 뭐가 무서워?
Wǒ yòu bú shì guǐ, nǐ pà shénme?

这件事跟你又有什么关系？　이 일이 너랑 무슨 상관이 있는데?
Zhè jiàn shì gēn nǐ yòu yǒu shénme guānxi?

❷ 再

● 같은 동작/상태의 중복이나 계속됨 : 주로 아직 일어나지 않은 일에 쓰임

对不起，我听不懂，请再说一遍。
Duìbuqǐ, wǒ tīng bu dǒng, qǐng zài shuō yí biàn.
죄송해요. 못 알아들었는데, 다시 한번만 말씀해주세요.

你还是走吧，再等也没用。　그냥 가세요. 더 기다려도 소용 없어요.
Nǐ háishi zǒu ba, zài děng yě méi yòng.

● 그 후, 그러고 나서, 그때가 되면 : 어떤 동작 후에 발생, 지연/연기를 나타냄

今天没时间，明天再说吧。　오늘은 시간이 없으니, 내일 얘기 합시다.
Jīntiān méi shíjiān, míngtiān zài shuō ba.

等爸爸回家了，我们再吃吧。　아빠가 돌아오시면, 우리 그때 먹자.
Děng bàba huíjiā le, wǒmen zài chī ba.

● 더, 더욱더 : 정도의 심함

有没有再大点的？ Yǒu méi yǒu zài dà diǎn de?　좀 더 큰 거 없나요?
已经胖得不能再胖了。 이미 더 뚱뚱할 수 없을 만큼 뚱뚱하다.
Yǐjing pàng de bù néng zài pàng le.

❸ 还

● 더, 또 : 아직 일어나지 않은 상황에 쓰임

他比我还胖。 Tā bǐ wǒ hái pàng.　그는 나보다 더 뚱뚱해.
你明天还来吗？ Nǐ míngtiān hái lái ma?　너 내일 또 오니?
我已经吃完了一碗饭，不过还想吃。
Wǒ yǐjing chīwánle yì wǎn fàn, búguò hái xiǎng chī.
난 이미 밥 한 그릇을 다 먹었는데, 더 먹고 싶다.

● 여전히, 아직, 변함없이
你还是老样子。 Nǐ hái shì lǎo yàngzi.　넌 예전 그대로구나.
我还没吃饭。 Wǒ hái méi chīfàn.　나 아직 밥 안 먹었어.

● 그럭저럭, 그런대로

他长得还可以。 Tā zhǎng de hái kěyǐ.　그는 그런대로 괜찮게 생겼다.
还好。 Hái hǎo.　그런대로 괜찮다.

◆ 동작의 중복을 나타내는 '还/再'와 '又'의 차이

❶ '还'와 '再' : 아직 발생되지 않은 미래 상황에 쓰임

❷ '又' : 이미 발생한 상황에 쓰임

하지만 이미 실현이 결정되었거나, 예측 가능한 실현, 주기적으로 반복되는 경우라면, '又'도 미래상황에 쓰일 수 있다.

放假快结束了，又要上学了。 방학이 끝나가니 또 학교에 다녀야겠다.
Fàngjià kuài jiéshù le, yòu yào shàngxué le. .

明天又是周一了。Míngtiān yòu shì zhōuyī le. 내일 또 월요일이네.

◆ '再'와 '还'의 차이

❶ 再 : 수량의 증가를 강조하는 의미로 쓰일 수 있으며, 조동사는 '再' 앞에 위치

请再给我一个。Qǐng zài gěi wǒ yí ge. 하나만 더 주세요.
我要再看一遍。Wǒ yào zài kàn yí biàn. 난 한 번 더 볼래.

❷ 还 : 의문문과 비교문에 쓸 수 있으며, 조동사는 '还' 뒤에 위치

我比你还小。Wǒ bǐ nǐ hái xiǎo. 내가 당신보다 더 어려요.

我们还能见面吗? 우리 다시 만날 수 있을까요?
Wǒmen hái néng jiànmiàn ma?

下午你们还练功夫。 오후에 너희들은 무술연습 더 (계속)해라.
Xiàwǔ nǐmen hái liàn gōngfu.

❸ '还'는 '여전히, 변함없이' 동작을 계속한다는 의미가 함축되어 있지만, '再'는 이런 의미가 없다.

我叫他别吃了，他还吃。
Wǒ jiào tā bié chī le, tā hái chī.
내가 그에게 그만 먹으라고 했지만, 그는 계속 먹는다.

2. 已经，曾经，刚

공통점 : 과거에 발생했음을 나타내는 시간부사

❶ 已经

이미, 벌써 : 과거에 그러했고, 현재도 그 상황이 유지될 경우가 많다. 주로 뒤에 동태조사 '了'가 온다.

他已经回家了。Tā yǐjing huíjiā le. 그는 이미 집에 갔어요.

❷ 曾经

일찍이 ~한 적이 있다 : 과거엔 그러했으나 지금은 어떤지 모르는 상황을 나타내며 흔히 뒤에 동태조사 '过'가 온다.

我曾经来过这儿。 Wǒ céngjīng láiguo zhèr. 난 여기 온 적 있어요.

❸ 刚 = 刚刚

방금, 막 : 방금 전에 어떤 일이 발생했다는 의미이며, 대체로 뒤에 동태조사
가 오지 않는다.

他刚回来。 Tā gāng huílái. 그가 막 돌아왔다.

잠깐주목!!

'刚'과 '刚才'는 품사가 다르다.

❶ 刚 : 부사. 서술어 앞에만 위치.

他刚走，你就来了。 그가 가자마자, 네가 왔구나.
Tā gāng zǒu, nǐ jiù lái le.

❷ 刚才 : 명사. 주어, 관형어, 부사어 자리에 올 수 있음.

我把以前的事儿都忘了。 난 이전 일은 모두 잊었다.
Wǒ bǎ yǐqián de shìr dōu wàng le.

3. 快(要), 就(要), 将(要)

공통점 : 머지않은 미래에 어떤 일이 발생할 것임을 나타내는 시간부사

❶ 快(要)/就(要)+형용사/동사+了

뒤에 동사나 형용사가 올 경우 '快(要)', '就(要)' 모두 쓸 수 있다.

暑假快(要)到了。 Shǔjià kuài(yào) dào le. 곧 여름방학이 온다.
就(要)毕业了。 Kuài(yào) bìyè le. 머지않아 곧 졸업한다.

❷ 快(要)+명사+了

뒤에 명사가 올 경우 주로 '快(要)'를 쓴다.

快(要)中秋节了。 Kuài(yào) Zhōngqiūjié le. 곧 추석이야.
快(要)高考了，更加努力吧。 곧 수능이야. 더 노력하자.
Kuài(yào) gāokǎo le, gèngjiā nǔlì ba.

❸ 快+수량구+了

뒤에 수량구가 올 경우 주로 '快'를 쓴다.

快三十岁了。 Kuài sānshí suì le. 머지않아 서른이 된다.
快十二点了，爸爸还没回家。 곧 12시가 인데, 아빠가 아직 안 돌아오셨어.
Kuài shí'èr diǎn le, bàba hái méi huíjiā.

✿ '将(要)'는 서면어에, '快(要)'와
'就(要)'는 회화에서 많이 쓰인다.

5장 · 부사

❹ 시간+就(要)~了

앞에 시간을 나타내는 말이 오면, 대체로 '就(要)'를 쓴다.

明天就要结婚了。Míngtiān jiùyào jiéhūn le. 내일이면 곧 결혼한다.
后天就要国庆节了。Hòutiān jiùyào Guóqìngjié le. 모레면 곧 국경절이 된다.

4. 从来, 一直

❶ 从来

● 여태껏, 이제 부터 : 주로 부정문에 많이 쓰인다.

我从来不喝酒。Wǒ cónglái bù hējiǔ. 전 전혀 술을 안마셔요.
从来没听说过。Cónglái méi tīngshuōguo. 여태껏 들어본 적 없어요.

● 긍정문에 쓰일 경우 개별 동사나 형용사보다 동사구/형용사구/절을 수식한다.

从来就是这样。Cónglái jiù shì zhèyàng. 이전부터 이랬다.

❷ 一直

● 줄곧, 계속 : 동작이나 상태가 계속 지속됨

那件事我一直很后悔。그 일을 난 줄곧 후회했어요.
Nà jiàn shì wǒ yìzhí hěn hòuhuǐ.

你才来啊！他一直在等你呢。이제야 오는구나. 그가 계속 널 기다리고 있어.
Nǐ cái lái a! Tā yìzhí zài děng nǐ ne.

这家商店一直营业到深夜。이 상점은 밤 늦게까지 영업을 해요.
Zhè jiā shāngdiàn yìzhí yíngyè dào shēnyè.

● 똑바로, 곧바로

一直走，到十字路口，往右拐。똑바로 가다가, 사거리에 도착해서 오른쪽으로 도세요.
Yìzhí zǒu, dào shízì lùkǒu, wǎng yòu guǎi.

'从来'와 '一直'

❶ 공통점 : 과거에서 지금까지 지속됨

他一直/从来没学过韩语。 그는 지금껏 한국어를 배워본 적이 없다.
Tā yìzhí/cónglái méi xuéguo Hányǔ.

❷ 차이점

- '从来'는 지속된 시간이 비교적 길며 주로 부정문에 많이 쓰인다.
- '一直'는 지속된 시간이 비교적 짧으며, 긍정문과 부정문에 모두 쓰인다.

不知道怎么了, 这几天他一直很生气。
Bù zhīdào zěnme le, zhè jǐ tiān tā yìzhí hěn shēngqì.
왜 그런지 모르겠는데, 요 며칠 그가 계속 화가 나있다.

5. 不, 没

❶ 不

● 의지/가능성에 대한 부정 : 현재나 미래의 행위에 대한 부정

天气预报说周末下雨，我不去周末旅行了。
Tiānqì yùbào shuō zhōumò xià yǔ, wǒ bú qù zhōumò lǚxíng le.
일기예보에서 주말에 비가 온다던데, 나 주말여행 안 갈래.

我不考大学。 Wǒ bù kǎo dàxué. 나 대학 응시 안 할거야.

● 不+형용사/비동작동사 : 과거, 현재의 성질/상태/상황에 대한 부정

以前他不忙，现在可忙了。 이전엔 그가 안 바빴는데, 지금은 무지 바빠.
Yǐqián tā bù máng, xiànzài kě máng le.

他很瘦，你不瘦。 Tā hěn shòu, nǐ bú shòu. 그는 매우 말랐고, 넌 안 말랐다.

● 일상이나 습관에서의 부정

他不抽烟，也不喝酒。 그는 담배도 안 피고, 술도 안 마셔.
Tā bù chōuyān, yě bù hē jiǔ.

他从来不吃肉。 그는 지금까지 고기를 안 먹는다.(과거부터 본래 습관)
Tā cónglái bù chī ròu.

❷ 没

● 완료/실현/변화에 대한 부정

我没去。 Wǒ méi qù. 난 가지 않았다.
衣服还没干。 Yīfu hái méi gān. 옷이 아직 덜 말랐다.

● 동사 '有'의 부정

我没(有)钱。 Wǒ méi(yǒu) qián. 나 돈 없어.

✿'不'는 과거, 현재, 미래 모두 사용 가능하다.

5장 · 부사

6. 却，倒(倒是)

공통점 : '오히려, 도리어'의 뜻으로 의미 전환을 나타낸다.

❶ 却

该买的没买，不该买的却买了。 사야 할 건 안 사고, 안 사야 할 건 오히려 샀다.
Gāi mǎi de méi mǎi, bù gāi mǎi de què mǎi le.

不让他去，他却偏偏要去。 못 가게 했는데, 그는 기어코 가려 한다.
Bú ràng tā qù, tā què piānpiān yào qù.

❷ 倒

● 오히려, 도리어, 의외로

我没邀请他来，他倒来了。 난 그를 초대하지 않았는데, 그가 왔다.
Wǒ méi yāoqǐng tā lái, tā dào lái le.

我说了很多他的坏话，他倒没生气。
Wǒ shuōle hěn duō tā de huàihuà, tā dào méi shēngqì.
내가 그에 대한 나쁜 말을 많이 했는데도, 그는 화를 안 냈어.

● '~이긴 한데..' : 양보의 의미

这个想法倒不错，可是不知道老板会怎么想。
Zhège xiǎngfǎ dào bú cuò, kěshì bù zhīdào lǎobǎn huì zěnme xiǎng.
그 생각이 좋긴 한데, 사장님이 어찌 생각할지 모르겠네.

● 어감을 살려줌

你倒说说看。 Nǐ dào shuōshuo kàn. 어디 말 좀 해봐.(재촉)

你说他一定去? 那倒不一定。
Nǐ shuō tā yídìng qù? Nà dào bù yídìng.
그가 반드시 갈 거라고? 꼭 그렇진 않을걸.(부정문에서는 완만한 어감)

那倒不错。 Nà dào bú cuò. 그것 참 괜찮다.(긍정문에서는 적극적 의미)

'却'와 '倒'

❶ '却'는 '도리어, 오히려'의 의미전환 이외의 뜻은 없다.

❷ '倒'는 '却'에 비해 의미전환의 느낌이 훨씬 강해서, 책망의 느낌을 줄 수 있으며, 뒤에 명령이나 적극적 의미의 단어가 올 수 있다.

你说得倒很好，那你自己干吧。 너 말은 참 잘한다. 그럼 너 혼자 해봐.
Nǐ shuō de dào hěn hǎo, nà nǐ zìjǐ gàn ba.

※ 양보의 의미일 때는 뒷절에 주로 '就是, 可是, 但是, 不过'가 온다.

7. 到底，究竟

❶ 도대체

의문문에 쓰여 주어 뒤에 오는데, '谁，哪' 등의 의문 대명사가 주어일 경우에는 의문 대명사의 앞에 온다.

你到底怎么回事？ Nǐ dàodǐ zěnme huí shì? 당신 도대체 어떻게 된거죠?

到底谁去？ Dàodǐ shéi qù? 도대체 누가 가는 겁니까?

❷ 마침내, 결국 : 어떤 일의 이루어짐, 완성을 강조, 뒤에 '了'가 와야 함 = 终于

问题到底解决了。 Wèntí dàodǐ jiějué le. 문제가 마침내 해결됐다.

问题终于解决。 Wèntí zhōngyú jiějué. 문제가 마침내 해결됐다.

❸ 필경, 결국 어찌되었든 : 원인이나 특징을 강조 = 毕竟

小孩儿到底是小孩儿，还不懂妈妈的心情。
Xiǎoháir dàodǐ shì xiǎoháir, hái bù dǒng māma de xīnqíng.
아무래도 아이라서, 아직 엄마 맘을 모른다.

❋ '终于'와 동일한 '마침내, 결국'의 의미지만, '终于'는 뒤에 '了'가 없어도 무방하다.

✎ 연습 문제

■ 다음 단어들의 병음을 쓰세요.

1. 毕竟

2. 到底

3. 终于

4. 从来

5. 倒

6. 却

■ 다음 괄호 속에 들어갈 단어를 보기에서 고르세요.

> 一直　　倒　　曾经

7. 这个想法(　　)不错，

　　可是不知道老板会怎么想。

8. 那件事我(　　)很后悔。

9. 我(　　)来过这儿。

■ 다음 밑줄 친 단어 대신 들어갈 수 있는 단어를 보기에서 고르세요.

> 就要　　倒　　刚刚

10. 他<u>刚</u>回来。

11. <u>快要</u>毕业了。

12. 该买的没买，不该买的<u>却</u>买了。

■ 다음 문장을 해석하세요.

13. 衣服还没干。

14. 快三十岁了。

15. 到底怎么回事？

정답

1. bìjìng
2. dàodǐ
3. zhōngyú
4. cónglái
5. dào
6. què
7. 倒
8. 一直
9. 曾经
※ '일찍이 ~한 적이 있다'란 뜻으로, 흔히 뒤에 동태조사 '过'가 온다.
10. 刚刚
11. 就要
12. 倒
13. 옷이 아직 덜 말랐다.
14. 머지않아 서른이다.
15. 도대체 어떻게 된거죠?

HSK 실전 연습문제

■ 다음 병음에 알맞은 단어를 쓰세요.

1   gāngcái

2   cónglái

3   jiūjìng

4   dàodǐ

5   chà diǎnr

■ 다음 제시된 단어가 들어갈 위치를 고르세요.

6   常常   我（ A ）在（ B ）那家（ C ）饭馆（ D ）吃饭。

7   也   （ A ）我（ B ）想（ C ）去（ D ）。

8   再   已经（ A ）胖得（ B ）不能（ C ）胖（ D ）了。

9   也   他（ A ）头（ B ）不（ C ）抬，认真（ D ）学习。

10 很   这样的（ A ）衣服（ B ）多（ C ）得（ D ）。

■ 다음 밑줄 그은 단어 대신 쓸 수 있는 가장 적합한 단어를 고르세요.

11 不管天气好不好，我都得去。
    A 也   B 再   C 就   D 常常

12 我才要给你打个电话，你就来了。
    A 就   B 再   C 刚   D 也

13 到底怎么回事？
    A 毕竟   B 究竟   C 终于   D 难道

14 他一直没学过韩语。
    A 简直   B 终于   C 常常   D 从来

15 暑假快要到了。
    A 要是   B 快快   C 就要   D 已经

■ 다음 괄호 안에 들어갈 가장 적합한 단어를 고르세요.

16 我（　）来过这儿。
A 曾经　　　　　　B 刚　　　　　　C 不　　　　　　D 常常

17 这个想法（　）不错，可是不知道老板会怎么想。
A 却　　　　　　B 刚　　　　　　C 倒　　　　　　D 到底

18 明天（　）结婚了。
A 快　　　　　　B 就要　　　　　C 快要　　　　　D 已经

19 （　）买半斤，一定不够。
A 都　　　　　　B 已经　　　　　C 才　　　　　　D 刚

20 你（　）三十多岁了，快结婚吧。
A 都　　　　　　B 才　　　　　　C 只　　　　　　D 到底

■ 다음을 중국어로 작문하세요. (괄호 안에 주어진 단어가 있다면 그것을 이용하세요.)

21 네가 어디 말 좀 해봐.(倒)

22 잘하면 대학에 붙을 수 있었는데 (差点儿)

23 좀 더 큰 거 있나요 없나요?(再)

24 그는 막 밥을 먹고는, 또 나갔다.(又)

25 옷이 아직 덜 말랐다.

26 여태껏 들어본 적 없어요.(从来)

27 언젠간 네가 알게 될 거야.(总)

28 이 상점은 밤 늦게까지 영업을 해요.(一直, 深夜)

29 우리 다시 만날 수 있을까요?(还)

30 죄송해요, 제가 못 알아들었는데, 다시 한번 말씀해주세요.(再)

HSK 실전 연습문제
정답 및 해설

1	刚才
2	从来
3	究竟
4	到底
5	差点儿
6	A

※부사는 전치사구가 있을 경우 그 앞에 위치한다.

7 B

※부사는 능원동사 앞에 온다.

8 C

9 B

10 D

11 A

※'不管/无论~也/都' 아무리~라 해도, ~이든 상관 없이

12 C

※'막, 방금'의 뜻으로, 일이 일어난 지 얼마 안됨을 나타낸다.

13 B

14 D

15 C

※'곧 머지않아 어떤 일이 발생할 것'을 나타낸다.

16 A

※'曾经~过' 일찍이~한 적이 있다.

17 C

※'却'는 '오히려, 도리어'라는 의미전환의 뜻만 있을 뿐, '~이긴 한데..'라는 양보의 뜻은 없다.

18 B

※'快/快要/就要~了'는 모두 '머지 않아 어떤 일이 발생할 것'이라는 뜻이지만, 앞에 구체적 시간이 제시될 경우 일반적으로 '就要'를 쓴다.

19 C

※'才'가 수량사 앞에 오면 수량이 적음을 나타낸다.

20 A

※'都'는 '이미, 벌써'의 뜻이 있다.

21 你倒说说看。

22 差点儿考上了大学。

23 有没有再大点的？

24 刚吃完饭，他又出去了。

25 衣服还没干。

26 从来没听说过。

27 总有一天你会知道的。

28 这家商店一直营业到深夜。

29 我们还能见面吗？

※아직 발생하지 않은 일에 대한 '다시, 더'는 '再'와 '还'를 모두 쓸 수 있지만, 의문문일 경우 '还'를 쓰며, 조동사는 '还'의 뒤에 와야 한다.

30 对不起，我听不懂，请再说一遍。

※수량의 증가를 강조하며, 뒤에 구체적 수량사가 나올 경우, 보통 '还'가 아닌 '再'를 쓴다.

CHAPTER 6

개사

개사

중국어의 개사는 한국어의 조사(∼에게, ∼를, ∼에 대해)나 영어의 전치사와 비슷하다. 하지만 한국어는 '명사/대명사+조사' 어순이지만, 중국어는 '개사+명사' 어순이다. 즉 한국어 '나+에게'를 중국어로 하면 '에게+나'의 어순이 되어 '给我'가 된다.

개사 분류

1. 장소, 방향

从 cóng ∼로부터	在 zài ∼에서
到 dào ∼까지	离 lí ∼부터
向 xiàng ∼를 향하여	往 wǎng ∼를 향하여, ∼쪽으로
朝 cháo ∼를 향하여	自 zì ∼로부터

2. 시간

从 cóng ∼부터	到 dào ∼까지
离 lí ∼부터	在 zài ∼때
当 dāng ∼때	

3. 대상

对 duì ∼에 대해	跟 gēn ∼에게서
向 xiàng ∼를 향해서	给 gěi ∼에게
替 tì ∼대신	连 lián ∼조차도
对于 duìyú ∼에 대해서	关于 guānyú ∼에 관해서

4. 원인, 이유, 목적

因(为) yīn(wèi) ∼로 인해	由(于) yóu(yú) ∼로 말미암아
为 wèi ∼를 위해	为了 wèile ∼를 위해, ∼때문에

5. 수단, 방식

用 yòng ~를 사용하여	拿 ná ~를 가지고
按照 ànzhào ~에 따라서	通过 tōngguò ~를 통해서
照 zhào ~에 따라서	根据 gēnjù ~를 근거로
凭 píng ~에 근거하여	

6. 비교

比 bǐ ~보다

7. 피동, 사동

被 bèi ~에게 ~을 당하다	叫 jiào ~에게 ~하라고 시키다
让 ràng ~로 하여금 ~하게 하다	给 gěi ~에게 ~시키다, ~에게 ~를 당하다

8. 처치의 대상

把 bǎ ~을	将 jiāng ~을

9. 범위

除 chú ~을 제외하고 = 除了

연습 문제

■ 다음 개사의 병음을 쓰세요.

1. 跟
2. 比
3. 让
4. 被
5. 叫

■ 다음 개사의 의미를 쓰세요.

6. 除
7. 凭
8. 由于
9. 离
10. 关于

정답

1. gēn
2. bǐ
3. ràng
4. bèi
5. jiào
6. ~을 제외하고
7. ~에 근거하여
8. ~로 말미암아
9. ~로부터
10. ~에 관하여

자주 쓰이는 개사들의 용법

1. 从

❶ 从+장소

- 출발점: ~에서, ~로부터

  他从美国回来了。Tā cóng Měiguó huílái le. 그는 미국에서 돌아왔다.

- 경유지: ~를 거쳐, ~로

  从小路走。Cóng xiǎolù zǒu. 좁은 길로 가다.

❷ 从+시간

从早到晚 cóng zǎo dào wǎn 아침부터 저녁까지
从明天开始。Cóng míngtiān kāishǐ. 내일부터 시작이다.

❸ 从+범위

从头到尾 cóng tóu dào wěi 처음부터 끝까지
从小孩儿到大人 cóng xiǎoháir dào dàrén 아이부터 어른까지

잠깐주목!!

'从'의 동의어

동의어 : '自, 打, 由, 自打, 自从, 由打, 从打' 등
'从'은 뒤에 '장소나 시간'이 모두 올 수 있지만, 동의어 중 일부 '自打, 自从, 由打, 从打'는 뒤에 '시간'만 올 수 있고 '장소'는 올 수 없다.

'自打, 自从, 由打, 从打'+시간 (○)
'自打, 自从, 由打, 从打'+장소 (×)

이외의 동의어는 뒤에 시간이나 장소가 모두 올 수 있다.

2. 在

❶ 在+시간

我是在到了公司以后才听说的。 나는 회사에 도착한 후에야 들었다.
Wǒ shì zài dàole gōngsī yǐhòu cái tīngshuō de.

在当时,问题还不严重。 당시에는 문제가 그리 심각하지 않았다.
Zài dāngshí, wèntí hái bù yánzhòng.

飞机在上午九点三十分到达。 비행기는 오전 9시 30분에 도착한다.
Fēijī zài shàngwǔ jiǔ diǎn sānshí fēn dàodá.

❷ 在+장소

일반적으로 개사구 '在+장소' 뒤에는 대부분 뒤에 방위사가 붙는다. 예를 들면, '在+장소+里 ~안에서', '在+장소+前面/前边 ~위에서', '在+장소+上(面)/上(边) ~앞에서'와 같이 위치를 나타내는 구체적인 방위사를 붙인다. 즉 '교실에서'라는 표현은 '在教室'보다 '在教室里'가 더 정확한 표현이다.

● '在+장소'+동사 : 동작이 발생하거나 존재하는 장소

在教室里认真学习。 Zài jiàoshì li rènzhēn xuéxí. 교실에서 열심히 공부하다.
昨天在他家发生了一件不愉快的事。 어제 그의 집에 안 좋은 일이 생겼다.
Zuótiān zài tā jiā fāshēngle yí jiàn bù yúkuài de shì.

● 동사+'在+장소' : 동작이 도달한 장소

字写在黑板上。 Zì xiě zài hēibǎn shàng. 칠판에다 쓰다.
跳在地上。 Tiào zài dì shàng. 땅으로 뛰어내리다.
看在眼里，记在心上。 눈으로 보고, 마음 속으로 기억하다.
Kàn zài yǎn li, jì zài xīn shàng.

● '在+장소'+동사 = 동사+'在+장소'인 경우

일부 '在+장소'의 개사구는 동사 앞 뒤에 모두 올 수 있으며, 동사 뒤에 올 경우 부사어가 아닌 보어로 간주할 수 있다.

첫째, 출생, 발생, 생산, 거주 등의 장소를 나타낼 경우

> 住在北京 zhù zài Běijīng = 在北京住 zài Běijīng zhù 북경에 거주하다
> 出生在北京 chūshēng zài Běijīng 북경에서 태어나다
> = 在北京出生 zài Běijīng chūshēng

둘째, 동작이 발생하고 도달한 곳이 거의 동일하여, 개사구가 사람이나 사물의 위치를 나타내는 경우

> 在沙发上坐着 zài shāfā shàng zuòzhe 소파 위에 앉아 있다
> = 坐在沙发上 zuò zài shāfā shàng
> 在黑板上写字 zài hēibǎn shàng xiě zì 칠판 위에 글씨를 쓰다
> = 字写在黑板上 zì xiě zài hēibǎn shàng

잠깐주목!!

동사의 부가성분과 개사구

동사 뒤에 着와 같은 부가성분이 있을 경우, 개사구 '在+장소'는 동사 앞에만 올 수 있다.

'在+장소'+동사+着 : 在沙发上坐着 zài shāfā shàng zuòzhe (○)

동사+着+'在+장소' : 坐着在沙发上 zuòzhe zài shāfā shàng (✕)

❸ 在~上 : ~방면에서

공간적 범위나 조건을 나타낸다.

他在学习上很努力。Tā zài xuéxí shàng hěn nǔlì. 그는 열심히 공부한다.
他在工作上很认真。Tā zài gōngzuò shàng hěn rènzhēn. 그는 열심히 일한다.

❹ 在~中 : ~가운데

在我心目中韩国是最美丽的国家。 내 마음 가운데 한국은 가장 아름다운 나라다.
Zài wǒ xīnmù zhōng Hánguó shì zuì měilì de guójiā.

在我的回忆中没有你。 나의 기억 속에 넌 없어.
Zài wǒ de huíyì zhōng méi yǒu nǐ.

❺ 在~下 : ~의 (조건)하에서

在大家的帮助下，我们终于成功了。
Zài dàjiā de bāngzhù xià, wǒmen zhōngyú chénggōng le.
모두의 도움 아래 마침내 우리가 성공했습니다.

在老师的帮助下，我的汉语水平很快提高了。
Zài lǎoshī de bāngzhù xià, wǒ de Hànyǔ shuǐpíng hěn kuài tígāo le.
선생님의 도움으로, 제 중국어 실력이 매우 빨리 향상되었습니다.

✿ '在~下' 사이에는 주로 '帮助, 指导, 领导, 指挥, 努力, 关心, 影响' 등이 온다.

3. 跟

❶ ~와

'A+跟+B'의 의미는 'A와 B'가 아닌, 'A는 B와'이다. 따라서 A는 생략이 가능하지만 B는 생략이 불가능하다.

我想跟他一起去。Wǒ xiǎng gēn tā yìqǐ qù. 나는 그와 같이 가고 싶다.
我同这件事无关。Wǒ tóng zhè jiàn shì wú guān. 저는 이 일과 무관합니다.

'跟'이 비교대상을 이끌 경우, 주로 뒤에는 '比, 相同, 一样, 差不多' 등이 온다.

跟昨天比冷多了。Gēn zuótiān bǐ lěngduō le. 어제와 비교하면 많이 추워졌다.
我的意见跟你一样。Wǒ de yìjiàn gēn nǐ yíyàng. 나의 의견은 너와 같다.

✿ 동의어로는 회화체에서는 '和', 문어체에서는 '同, 与'가 있으며, 그 중 서명이나 표제에서는 주로 '与'를 많이 쓴다.

❷ ~에게서, ~로부터

我跟你打听一件事。Wǒ gēn nǐ dǎtīng yí jiàn shì. 너한테 하나 물어보자.
我不想跟他学英语。 나는 그한테 영어를 배우고 싶지 않다.
Wǒ bù xiǎng gēn tā xué Yīngyǔ.

❸ '跟'과 부정사 '不'

● 부정사+跟~ : 주관적 의지

我不跟他见面。Wǒ bù gēn tā jiànmiàn. 난 그와 만나지 않을 거야.

我不跟你玩。Wǒ bù gēn nǐ wán. 나 너랑 안 놀아.

● 跟~+부정사 : 객관적 사실

我跟他不相识。Wǒ gēn tā bù xiāngshí. 나는 그와 서로 알지 못한다.

■ 다음 단어의 병음을 쓰세요.

1. 从

2. 跟

3. 在

■ 다음 문장 괄호 안에 들어갈 적당한 단어를 보기에서 고르세요.

下　中　上

4. 他在工作(　)很认真。

5. 在老师的帮助(　)，我的汉语水平很快提高了。

6. 在我的回忆(　)没有你。

■ 다음 문장을 해석하세요.

7. 我不想跟他学英语。

8. 跟昨天比冷多了。

■ 해석에 맞게 다음 괄호 안에 알맞은 단어를 쓰세요.

9. 좁은 길로 가다 : (　)小路走

10. 모두의 도움 하에 :
　　在大家的帮助(　)

■ 다음을 작문하세요.

11. 내일부터 시작이다.(从)

12. 땅으로 뛰어내리다.(到)

13. 나의 의견은 너와 같다.(跟)

1. cóng
2. gēn
3. zài
4. 上
5. 下
6. 中
7. 나는 그한테 영어를 배우고 싶지 않다.
8. 어제와 비교하면 많이 추워졌다.
9. 从
10. 下
11. 从明天开始
12. 跳到地上
13. 我的意见跟你　样。

개사 활용~ 성어 톡톡!!

한국과 달리 존댓말이 따로 없는 중국어의 특성에서도 엿볼 수 있듯이, 중국인들은 나이와 관계없이 친구를 맺을 수 있으며, 일단 친해진 친구는 매우 소중하게 여긴다고 한다. 개사 '在'가 들어간 아래의 문장은 중국인들이 친구의 소중함을 말할 때 자주 쓰는 표현이다.

在家靠父母，出门靠朋友。　집에서는 부모의 보살핌에 의지하고, 밖에서는 친구들의 도움에 의지한다.
Zài jiā kào fùmǔ, chū mén kào péngyou.

개사의 문법 특징

1. 부사어 역할

개사구(개사+명사)는 주로 서술어 앞에 쓰여 장소, 시간, 원인, 대상, 비교 등을 나타내는 부사어로 쓰인다.

[장소] 我在图书馆睡觉。 Wǒ zài túshūguǎn shuìjiào. 나는 도서관에서 잔다

[대상] 给我一杯茶。 Gěi wǒ yì bēi chá. 저에게 차 한 잔 주세요.

[비교] 他比我高。 Tā bǐ wǒ gāo. 그가 저보다 키가 커요.

2. 관형어 역할

개사구는 명사를 수식하는 관형어로도 쓰일 수 있다.

为我们的健康祷告。 Wèi wǒmen de jiànkāng dǎogào. 우리의 건강을 위해 기도합시다.

我要靠窗户的座位。 Wǒ yào kào chuānghu de zuòwèi. 저는 창가 쪽 자리로 주세요.

关于环境污染的问题 guānyú huánjìng wūrǎn de wèntí 환경오염에 관한 문제

3. 보어 역할

'往, 给, 在, 向' 등의 일부 개사는 동사 뒤에 와서 보어로 쓰일 수 있다.

火车开往北京。 Huǒchē kāi wǎng Běijīng. 기차가 북경으로 운행한다.

挂在墙上。 Guà zài qiáng shàng. 벽에 걸어라.

送给我礼物。 Sòng gěi wǒ lǐwù. 나에게 선물을 주다.

走向未来。 Zǒu xiàng wèilái. 미래를 향해 나아가다.

4. 동사 겸 개사

중국어의 개사는 대부분 동사에서 유래되어 변해온 것이다. 따라서 여전히 적지 않은 개사들이 동사로도 쓰이고 있다.

동사	개사
他在家。 그는 집에 있다. Tā zài jiā.	他在家学习。 그는 집에서 공부한다. Tā zài jiā xuéxí.
他老跟着我。 그는 항상 날 따라다닌다. Tā lǎo gēnzhe wǒ.	我跟她结婚。 나는 그녀와 결혼한다. Wǒ gēn tā jiéhūn.
请给我一枝笔。 저에게 펜 하나 주세요. Qǐng gěi wǒ yì zhī bǐ.	请给我打针。 저에게 주사를 놔주세요. Qǐng gěi wǒ dǎzhēn.

5. 개사와 동사의 차이점

❶ 개사구+서술어

개사구는 단독으로 서술어가 될 수 없고, 주로 부사어로 쓰여 서술어 앞에 온다.

동사+개사구 : 解决了把问题 jiějuéle bǎ wèntí (✕)

개사구+동사 : 把问题解决了 bǎ wèntí jiějué le (〇) 문제를 해결했다

❷ 중첩 불가능

개사 : 我比比你高。 Wǒ bǐbǐ nǐ gāo. (✕)

동사 : 我们比(一)比。 Wǒmen bǐ (yi) bǐ. (〇) 우리 한번 비교해 보자.

❸ 동태조사 '了, 着, 过'를 붙일 수 없다.

개사 : 到了上海去 dàole Shànghǎi qù (✕)

동사 : 到了上海了 dàole Shànghǎi le (〇) 상해에 도착했다

연습 문제

1. 다음 중 부사어로 쓰인 개사구를 찾으세요.

①我在图书馆睡觉

②为我们的健康祷告

③关于环境污染的问题

④我要靠窗户的座位

■ 다음 단어의 개사, 동사로서의 뜻을 각각 쓰세요.

2. 在

3. 跟

4. 给

■ 다음 중 맞는 문장은 O, 틀린 문장은 ✕ 하세요.

5. 把问题解决了　　(　　)

6. 挂在墙上　　　　(　　)

7. 于中央集中　　　(　　)

■ 다음 문장을 해석하세요.

8. 把问题解决了。

9. 他老跟着我。

10. 走向未来。

정답

1. ①
※'부사어+서술어', '관형어+的+명사구' 형식을 알면, 개사의 구체적인 의미를 몰라도 정답을 찾을 수 있다.

2. ~에서, ~에 있다

3. ~와, ~를 따라다니다

4. ~에게, ~에게 주다

5. O
※부사어로 쓰이는 개사구는 서술어 앞에 온다.

6. O
※개사구 '在+장소'가 동사 뒤에 와서 보어로 쓰였다.

7. ✕
※'于'는 서술어 뒤에만 올 수 있다.

8. 문제를 해결했다.

9. 그는 항상 날 따라다닌다.

10. 미래를 향해 나아가다.

남자들이 마음에 드는 여자에게 접근하기 위한 첫마디로 흔히 '저 모르시겠어요? 어디서 뵌 거 같은데..'라고 한다. 이 말을 개사 '在'를 사용하여, 중국어로 표현해보자.

你不认识我吗? 我好像在哪儿见过你。 저 모르시겠어요? 전 어디서가 뵌 것 같은데요.
Nǐ bú rènshí wǒ ma? Wǒ hǎoxiàng zài nǎr jiànguo nǐ.

유사한 개사들의 비교

1. 从, 自, 离 ~로 부터

❶ 从 : 장소, 시간의 출발점
'从+장소/시간'은 출발하는 기점이나 출발시간을 나타내며, 주로 뒤에 到, 往, 向을 써서 호응하는 경우가 많다.

从北京到上海 cóng Běijīng dào Shànghǎi 북경에서 상해까지

> ❀ 하지만, '从+장소'는 간혹 경유지를 나타낼 수도 있다.
>
> 从这条路走。
> Cóng zhè tiáo lù zǒu.
> 이 길로 가자.

❷ 自 : 장소, 시간의 출발점

● 自+장소+동사

本次列车自北京开往上海。 본 열차는 북경에서 상해로 운행한다.
Běn cì lièchē zì Běijīng kāi wǎng Shànghǎi.

> ❀ 회화체에 많이 쓰이는 '从'과 달리 '自'는 주로 문어체에 쓰인다.
> 또한 '自'는 주로 처소(장소)의 출발점을 나타내지만, 시간의 기점을 나타낼 수도 있다.
>
> 自古以来
> zì gǔ yǐlái 자고이래로, 예로부터
>
> 自你走后
> zì nǐ zǒu hòu 네가 떠난 후부터

● 동사+自+장소

'自'는 기본적으로 '从'과 의미가 같지만, 동사 앞에만 쓰이는 从과 달리, 주로 동사 뒤에 쓰인다. 이때의 동사는 '寄, 来, 选, 出, 抄, 摘, 引' 등으로 제한된다.

来自农村 lái zì nóngcūn 농촌에서 오다
寄自上海 jì zì Shànghǎi 상해에서 부쳐오다
引自《人民日报》 yǐn zì《Rénmín Rìbào》《인민일보》에서 인용하다

❸ 离 : 거리 격차의 기점
'장소1+离+장소2' 혹은 '시간1+离+시간2'형식으로, 장소 혹은 시간상에 있어 두 지점 사이의 격차를 계산하는 기점을 나타낸다.

● 공간상 격차

(我家)离学校很远。 (wǒ jiā) Lí xuéxiào hěn yuǎn. 우리 집은 학교에서 매우 멀다.

● 시간상 격차

(现在)离下课还有十分钟。 수업 끝나려면 아직 십 분 남았어.
(xiànzài) Lí xià kè hái yǒu shí fēnzhōng

잠깐주목!!

'从, 离, 自'의 용법상 차이

'离' 앞의 장소나 시간은 생략할 수 있지만, '离' 뒤에 오는 장소/시간은 격차의 기점을 나타내므로 생략할 수 없다는 걸 주의하자!

	의미	위치	예문
从	장소/시간의 출발점	동사 앞	我家从这儿往南去。 Wǒ jiā cóng zhèr wǎng nán qù. 우리집은 여기에서 남쪽으로 가.
自	장소/시간의 출발점	동사 앞, 뒤	来自城市。도시에서 오다. Láizì chéngshì.
离	공간/시간 거리의 격차 기점	동사 앞	我家离这儿不远。 Wǒ jiā lí zhèr bù yuǎn. 우리 집은 여기에서 안 멀어.

> ✽'从'은 장소의 경유지를 나타낼 수 있음에 유의하자
>
> 从这条路走。
> Cóng zhè tiáo lù zǒu.
> 관련회사에 보냈다.

2. 对, 对于, 关于, 至于 ～에 대해, ～에 관해

❶ 对 : ～에게, ～에 대해 : 대상이 사람일 수 있다.

他对我很好。 Tā duì wǒ hěn hǎo. 그는 나에게 매우 잘해준다.
他对工作很负责任。 그는 일에 대해 매우 책임감 있다.
Tā duì gōngzuò hěn fùzérèn

❷ 对于 : ～에 대해 : 대상이 사람일 수 없다.

对于这个问题，我们要采取积极的态度。
Duìyú zhège wèntí, wǒmen yào cǎiqǔ jījí de tàidù.
이 문제에 대해 우리는 적극적 태도를 가져야 한다.

对于我的意见，他总是反对。
Duìyú wǒ de yìjiàn, tā zǒngshì fǎnduì.
나의 의견에 대해, 그는 항상 반대한다.

对于介词用法，我还没完全掌握。
Duìyú jiècí yòngfǎ, wǒ hái méi wánquán zhǎngwò.
개사용법에 대해, 난 아직 완전히 숙지하지 못했다.

'对'와 '对于'의 차이

❶ '对于'는 '对'의 용법과 대체로 비슷하여, 모두 '对'로 바꿀 수 있다.

对这个问题我很感兴趣。 이 문제에 난 아주 관심 있어.
Duì zhège wèntí wǒ hěn gǎn xìngqù.
= 对于这个问题我很感兴趣。
　Duìyú zhège wèntí wǒ hěn gǎn xìngqù.

❷ '对'의 용법이 좀 더 광범위하여, '对'를 '对于'로 바꿀 수 없는 경우가 있다.

■ 사람과 사람 사이의 관계는 '对'만 쓴다.

我们对你完全信任。 Wǒmen duì nǐ wánquán xìnrèn. 우린 널 완전히 믿어.(ㅇ)
我们对于你完全信任。 Wǒmen duìyú nǐ wánquán xìnrèn.(×)

■ '对'는 조동사와 부사의 앞·뒤에 모두 쓰일 수 있지만, '对于'는 조동
사나 부사 뒤에 쓰일 수 없다.

我们对这件事会作出安排的。 우리는 이 일에 대해 처리할 수 있다.(ㅇ)
Wǒmen duì zhè jiàn shì huì zuòchū ānpái de.
= 我们会对这件事作出安排的。
　Wǒmen huì duì zhè jiàn shì zuòchū ānpái de.

我们对于这件事会作出安排的。 (ㅇ)
Wǒmen duìyú zhè jiàn shì huì zuòchū ānpái de.

我们会对于这件事作出安排的。 (×)
Wǒmen huì duìyú zhè jiàn shì zuòchū ānpái de.

❆ 만약 '범위'와 '대상'의 의미를 모두 가진다면 '关于'와 '对于'는 통용된다.

关于(=对于)这个建议，大家都很赞成。
Guānyú(=Duìyú) zhège jiànyì, dàjiā dōu hěn zànchéng.
이 건의에 대해 모두들 찬성한다.

❸ 关于 : ~에 관해
관계된 사물을 나타낼 때 사용한다. 즉, 관련범위를 표시한다.

关于这个问题，我直接跟老王联系。 이 문제는 내가 직접 라오 왕과 연락할게.
Guānyú zhège wèntí, wǒ zhíjiē gēn Lǎo Wáng liánxì.

关于进口问题，我想说几句。 수입문제에 관해, 난 몇 마디 더 해야겠다.
Guānyú jìnkǒu wèntí, wǒ xiǎng shuō jǐ jù.

'关于'와 '对于'의 위치상의 차이

❶ 부사어로 쓰일 경우

■ 关于 : 주어 앞에만 온다.

关于这个问题我要负多少责任。(○) 이 문제에 대해 난 얼마간 책임을 져야 해.
Guānyú zhège wèntí wǒ yào fù duōshǎo zérèn.

我关于这个问题要负多少责任。(✕)
Wǒ guānyú zhège wèntí yào fù duōshǎo zérèn.

■ 对于 : 주어 앞·뒤 모두 가능하다.

对于科学我很感兴趣。(○) 과학에 대해 나는 관심이 많다.
Duìyú kēxué wǒ hěn gǎn xìngqù.

我对于科学很感兴趣。(○) 나는 과학에 대해 관심이 많다.
Wǒ duìyú kēxué hěn gǎn xìngqù.

❷ 관형어로 쓰일 경우 '关于'와 '对于'의 위치는 비교적 자유롭다.

我看了两本关于经济的书。(○) 난 경제 관련 서적을 두 권을 읽었다.
Wǒ kànle liǎng běn guānyú jīnjì de shū.
= 关于经济的书，我看了两本。(○)
Guānyú jīnjì de shū, wǒ kànle liǎng běn.

❸ 책 제목으로 쓸 경우, '关于'는 단독으로 쓸 수 있지만(예:关于环境问题),
'对于'는 뒤에 수식하는 명사가 있어야 가능하다.(예:对于环境问题的看法)

❹ 至于 : ~에 대해

기존의 화제와 다른 화제를 이끌어낼 때 쓴다.

这仅仅是我个人的意见，至于这样做好不好，请大家再考虑一下。
Zhè jǐnjǐn shì wǒ gèrén de yìjiàn, zhìyú zhèyàng zuò hǎo bu hǎo, qǐng dàjiā zài kǎolǜ yí xià.

이건 단지 저의 개인적 의견일 뿐이니, 이렇게 하는 것이 좋을지 나쁠지는 모두들 다시 생각해보십시오.

● '对，对于，关于，至于'의 주요 차이점

❀ '至于'가 이끄는 화제는 여러 개 일수 있다. 그러나 '关于, 对于'와는 달리, 글의 제목으로는 쓸 수 없다.

	의미	(부사어일 경우) 위치 및 용법	예문
对	대상	주어 앞·뒤, 조동사, 부사 앞·뒤	他对我笑了笑。그가 날보고 웃었다. Tā duì wǒ xiàole xiào.
对于	확정 대상	주어 앞·뒤, 조동사, 부사 앞 ※'对于'는 모두 '对'로 바꿀 수 있지만 '对'를 모두 '对于'로 바꿀 수는 없다.	对于这个问题，我们要采取积极的态度。 Duìyú zhège wèntí, wǒmen yào cǎiqǔ jījí de tàidù. 이 문제에 대해 우린 적극적 태도를 취해야 해.

❀ 관형어로 쓰일 경우에는 '关于'도 주어 앞·뒤에 모두 올 수 있다.

关于	관련 범위	주어 앞 ※'关于'는 단독으로 책제목으로 쓰이지만 '对于'는 뒤에 수식하는 명사가 있어야 한다.	关于这个问题，我直接跟老板联系。 Guānyú zhège wèntí, wǒ zhíjiē gēn lǎobǎn liánxì. 이 문제는 내가 직접 사장과 연락할게.
至于	다른 화제	뒷절 앞	熊吃肉，也吃果实，至于熊猫不吃肉，只吃果实。 Xióng chī ròu, yě chī guǒshí, zhìyú xióngmāo bù chī ròu, zhǐchī guǒshí. 곰은 고기도 과실도 먹지만, 판다는 고기는 안 먹고 과실만 먹는다.

3. 往，向，朝　～로, ～를 향해

❶ 往

'往'은 동사의 앞 뒤에 모두 쓸 수 있으며, '向, 朝'와 달리 뒤에 장소명사만 올 뿐, 사람명사는 올 수 없다.

'往+장소'+동사　往东边去。Wǎng dōngbiān qù. 동쪽으로 가다.

동사+'往+장소'　飞往上海的机票 상해까지 가는 비행기표
fēi wǎng Shànghǎi de jīpiào

❷ 向

● '向+장소/사람'+동사

'向'은 동사의 앞 뒤에 모두 쓸 수 있으며, 뒤에 보통 '着'를 붙일 수 있지만, 단음절 방위사와 결합할 경우에는 '着'를 붙일 수 없다.

向前看。Xiàng qián kàn 앞을 향해 보다(○) 向着前看。Xiàngzhe qián kàn.(×)
向着前面大声叫喊。 앞을 향해 큰소리로 외치다.
Xiàngzhe qiánmiàn dàshēng jiàohǎn
向他借了一本书。Xiàng tā jièle yì běn shū. 그에게 책을 한 권을 빌렸다.

● 동사+'向+장소/사람'

동사 뒤에 개사구 '向~'이 올 경우, '走, 飞, 流, 冲, 奔, 转, 倒, 通, 找, 推' 등의 단음절 동사에만 한정되며, '向' 뒤에 '了'를 쓸 수 있다.

流向大海。Liú xiàng dàhǎi 바다로 흐르다.

目光转向了我。Mùguāng zhuǎn xiàngle wǒ. 눈길을 나에게로 돌리다.

❈朝+장소/사람+동사 (○)
　동사+朝+장소/사람 (×)

❸ 朝

'朝'는 동사 앞에만 쓰일 뿐, 동사 뒤에는 올 수 없다. 뒤에 보통 '着'를 붙일 수 있지만 단음절 방위사와 호응할 경우는 '着'를 붙일 수 없다.

朝前看。Cháo qián kàn. 앞을 보다.(○) 朝着前看。Cháozhe qián kàn.(×)
朝着前面喊道。Cháozhe qiánmiàn hǎndào. 앞쪽을 향해 소리지르다.
朝他点头。Cháo tā diǎn tóu. 그에게 고개를 끄덕이다.

'朝+사람명사' 형식의 제한

'朝+사람명사' 형식은 동사가 신체동작이나 몸짓 등의 구체적 동작(挥手,
笑, 点头 등)일 경우에만 쓰인다.

> 朝前看。 Cháo qián kàn. 앞을 보다.
> 朝我点头。 Cháo wǒ diǎn tóu. 그에게 고개를 끄덕이다.

따라서 추상적 동사에는 쓰일 수 없으므로 다음 예문에는 '朝'를 쓸 수 없고
'向'만 쓸 수 있다.

> 向群众学习。 Xiàng qúnzhòng xuéxí. 대중에게 배우다.(O)
> 朝群众学习。 Cháo qúnzhòng.(X)
> 向人民负责。 Xiàng rénmín fùzé. 국민 앞에 책임을 지다.(O)
> 朝人民负责。 Cháo rénmín fúzé. (X)

● '往, 朝, 向'의 주요 용법 차이

	위치	개사구 목적어	～着	예문
往	동사 앞·뒤	장소	불가능	飞往上海的机票 fēi wǎng Shànghǎi de jīpiào 상해까지 가는 비행기표
向	동사 앞	장소/사람 ※신체동작이나 몸짓 등 구체적 동작일 경우	가능 ※단, 뒤에 단음절 방위사일 경우 제외.	朝他点头。 Cháo tā diǎn tóu. 그에게 고개를 끄덕이다.
朝	동사 앞·뒤	장소/사람	가능 ※단, 뒤에 단음절 방위사일 경우 제외.	向他借了一本书。 Xiàng tā jièle yì běn shū. 그에게 책을 한 권 빌렸다.

✎ 연습 문제

■ 다음 괄호 안에 적합한 단어를 쓰세요.

1. 我（　　）科学很感兴趣。

2. 这仅仅是我个人的意见,（　　）这样做好不好,请大家再考虑一下。

■ 다음 문장이 맞게 쓰였다면 O, 틀리면 X 하세요.

3. 我看了几本关于经济学的书。

　　　　　　　　　（　　）

4. 大家对于公司的前途都很关心。

　　　　　　　　　（　　）

5. 往东边去。　　　（　　）

6. 往我看。　　　　（　　）

■ 다음 문장을 해석하세요.

7. 朝前看。

8. 向前看。

9. 我们对你完全信任。

10. 从这条路走。

HSK 실전 연습문제

■ 다음 제시된 단어가 들어갈 위치를 고르세요.

1　为　　　　　（ A ）我们（ B ）的（ C ）健康（ D ）祷告。

2　朝　　　　　（ A ）我（ B ）点（ C ）头（ D ）。

3　离　　　　　（ A ）现在（ B ）下课（ C ）还有（ D ）十分钟。

4　跟　　　　　（ A ）我（ B ）不想（ C ）他学（ D ）英语。

5　往　　　　　（ A ）飞（ B ）上海（ C ）的机票（ D ）。

■ 다음 괄호 안에 들어갈 가장 적합한 단어를 고르세요.

6　（　　）人民负责
　　A 向　　　　　　B 朝　　　　　　C 往　　　　　　D 跟

7　这仅仅是我个人的意见,（　　）这样做好不好，请大家再考虑一下。
　　A 对　　　　　　B 对于　　　　　C 关于　　　　　D 至于

8　我们(　　)你完全信任。
　　A 向　　　　　　B 关于　　　　　C 对　　　　　　D 对于

9　目光转(　　)了我
　　A 朝　　　　　　B 向　　　　　　C 往　　　　　　D 跟

10　（　　）他借了一本书。
　　A 向　　　　　　B 朝　　　　　　C 往　　　　　　D 跟

■ 다음 밑줄 그은 단어 대신 쓸 수 있는 가장 적합한 단어를 고르세요.

11　对这个问题我很感兴趣。
　　A 关于　　　　　B 对于　　　　　C 至于　　　　　D 跟

12　我把文章看懂了。
　　A 向　　　　　　B 对　　　　　　C 让　　　　　　D 将

13　门给风吹开了。
　　A 被　　　　　　B 向　　　　　　C 把　　　　　　D 对

14 我想<u>跟</u>他一起去。
    A 比   B 朝   C 对   D 和

15 请大家往这儿看。
    A 把   B 对   C 朝   D 被

■ 다음을 중국어로 작문하세요. (괄호 안에 주어진 단어가 있다면 그것을 이용하세요.)

16 앞을 향해 큰소리로 외치다. (叫喊)

17 대중에게 배우다.

18 그는 나에게 매우 잘해준다.

19 어제와 비교하면 많이 추워졌다.

20 그는 항상 날 따라다닌다.

21 나는 컵을 깨뜨렸다. (打坏了)

22 그에게 고개를 끄덕이다.

23 난 그와 만나지 않을거야.

24 바다로 흐르다. (流)

25 저에게 차 한 잔 주세요.

26 아침부터 저녁까지

27 나는 그에게 약간 불만이 있다. (意见)

28 나에게 선물을 주다.

29 문제를 해결했다

30 땅으로 뛰어내리다. (跳)

HSK 실전 연습문제
정답 및 해설

1 A
※개사구(개사+목적어)는 일반적으로 서술어 앞에 온다.

2 A
※개사구 '朝~'는 동사 앞에만 올 수 있다.

3 B

4 C

5 B

6 A
※'向, 朝, 往'은 의미가 비슷하지만, '朝'는 뒤에 사람명사가 올 경우 신체동작이나 몸짓과 관련된 구체적 동사가 와야 한다. 따라서 '朝'는 '负责'와 같은 동사와 호응할 수 없고, '往'은 뒤에 장소명사만 올 수 있기 때문에 여기서는 쓸 수 없다.

7 D

8 C
※'对~信任'(~에 대해 신임하다, ~를 신임하다) '对'와 '对于'는 비슷한 의미지만, 사람과 사람사이의 관계는 '对'를 써야 한다.

9 B
※'向, 朝, 往'은 의미가 비슷하지만, '朝'는 동사 뒤에는 쓰일 수 없고, '往'은 뒤에 장소명사만 올 수 있고 사람명사는 올 수 없다.

10 A

11 B

12 D

13 A
※'문이 바람에 열렸다'는 의미로 피동을 나타낸다. 피동을 나타내는 대표적 개사는 '被'이며, 개사 '让, 叫, 给'도 피동을 나타낼 수 있다.

14 D

15 C

16 向(着)前面大声叫喊。

17 向群众学习。
※ '~에게 배우다'는 '跟~学习', '向~学习'를 모두 쓸 수 있지만, 의미는 다르다. '跟~学习'는 '~의 가르침으로 배운다'는 의미이며, '向~学习'는 '~을 모범, 이상형으로 삼아 본받다'는 의미이다.

18 他对我很好。

19 跟昨天比冷多了。

20 他老跟着我。

21 我把杯子打坏了。

22 朝他点头。

23 我不跟他见面。

24 流向大海。

25 给我一杯茶。

26 从早到晚

27 我对他有一点意见。

28 送给我礼物。

29 把问题解决了

30 跳在地上

CHAPTER 7

연결사

연결사

흔히 접속사라고도 불리는 '연결사'는 중국어로 '连词'라 하며, 단어와 단어 혹은 구와 구, 혹은 절과 절을 연결해 주는 역할을 한다. 연결사는 병렬, 첨가, 연관, 점층, 선택, 전환, 가정, 양보, 조건, 원인, 목적 등을 나타낼 수 있으며, 다른 개사나 부사와 호응하여 많이 쓰인다.

개사 겸 연결사

❄ '和, 跟, 同, 与'는 개사면서 연결사이기도 하다. '和'와 '跟'은 회화체에 많이 쓰이며, '同'과 '与'는 문어체에 많이 쓰인다.

1. 跟, 和, 同, 与

❶ '跟'이 개사로 쓰일 경우

개사로 쓰일 경우 회화체에서는 '跟'을 많이 쓰고, 문어체에서는 주로 '同'을 쓴다. 개사 '跟'은 '~와'의 의미 외에 다른 뜻도 있다.

● ~와 함께 = 和

我跟他一起去游泳。 Wǒ gēn tā yìqǐ qù yóuyǒng. 나는 그와 함께 수영을 간다.

● ~에게 = 和, 对

我跟他说了这件事。 나는 그에게 이 일을 말해주었다.
Wǒ gēn tā shuōle zhè jiàn shì.

● ~로부터

你是跟谁打听到的? Nǐ shì gēn shéi dǎtingdào de? 누구한테 알아본 거야?

❷ '跟'과 '和'가 연결사로 쓰일 경우

이런 경우 주로 단어와 단어를 대등한 관계로 연결해주는 역할을 한다. 따라서 아래 예문에서 '我跟/和他'의 '我'와 '他'의 위치를 바꾸어도 의미가 전혀 달라지지 않는다.

我跟他都会游泳。 Wǒ gēn tā dōu huì yóuyǒng. 나와 그는 모두 수영을 할 줄 안다.
我和他都是北京人。 Wǒ hé tā dōu shì Běijīngrén. 나와 그는 모두 북경사람이다.

● 跟 : 명사나 명사구만 연결

他跟我 tā gēn wǒ 그와 나
他的老师跟我的老师是好朋友。 그의 선생님과 나의 선생님은 친한 친구이다.
Tā de lǎoshī gēn wǒ de lǎoshī shì hǎo péngyou.

❄ 연결사 '和'가 동사나 형용사를 연결할 경우 다음과 같은 제한이 따른다.

① 이미 명사화 된 동사나 형용사
② 목적어가 동일한 동사
③ 수식하는 명사가 동일한 형용사

● 和 : 명사, 형용사, 동사 모두 연결

연결사로 쓰일 경우, '跟'보다 '和'가 많이 쓰이며, 같은 품사나 구조가 비슷한 병렬성분을 이어주는 역할을 한다.

父母和子女 fùmǔ hé zǐnǚ 부모와 자녀

聪明和勤奋同等重要。 총명함과 근면함은 똑같이 중요하다.
Cōngming he qínfèn tóngděng zhòngyào.

연결사인 '跟/和'와 개사인 '跟/和'의 차이

❶ 의미상 차이

	의미
개사 A跟/和B	A는 B에게, A는 B와
연결사 A跟/和B	A와B

❷ 부사가 있을 경우의 차이

	부사 위치	예문
개사 A跟/和B	A+부사+跟/和+B	我不跟他一起去游泳。 Wǒ bù gēn tā yìqǐ qù yóuyǒng. 나는 그 사람이랑은 수영 안 간다.
연결사 A跟/和B	A+跟/和+B+부사	我跟他都不会游泳。 Wo gen ta dōu bú huì yóuyǒng. 나와 그는 모두 수영을 할 줄 모른다.

2. 因为~ , 由于~

❶ 개사로 쓰일 경우 : ~때문에, ~로 인하여

주로 뒤에 명사가 와서 개사구를 이루며, 주어의 앞·뒤에 모두 올 수 있다.

由于工作关系，我出差去了几天。일 관계로, 난 며칠 출장 갔다.
Yóuyú gōngzuò guānxì, wǒ chūchāi qùle jǐ tiān.

因为这件事，我们吵架了。이 일 때문에, 우리는 다투었다.
Yīnwèi zhè jiàn shì, wǒmen chǎojià le.

❷ 연결사로 쓰일 경우

● 因为A, 所以B : A이기 때문에, 그래서 B하다.

원인을 나타내는 연결사로 쓰일 경우, 주로 뒷 절에 결과를 나타내는 연결사 '所以'와 호응하여 절과 절을 연결해주는 역할을 한다. 또한 앞·뒷절의 주어가 동일한가 다른가에 따라 주어와 '因为'의 위치가 달라질 수 있다.

✿연결사 '因为'와 '所以'는 둘 중 하나 생략해도 무방하다.

앞·뒷절의 주어가 같은 경우 : '因为'가 주어 앞·뒤에 모두 올 수 있다.

因为她身体不好，所以今天不能来。
Yīnwèi tā shēntǐ bù hǎo, suǒyǐ jīntiān bù néng lái.
그녀가 몸이 안 좋아서, 오늘 못 온다.

她的身材因为每天锻炼，所以才这么好的。
Tā de shēncái yīnwèi měitiān duànliàn, suǒyǐ cái zhème hǎo de.
그녀의 몸매는 매일 단련을 해서, 이렇게 좋은 거야.

앞·뒷절의 주어가 다른 경우 : '因为'가 주어 앞에 온다.

因为他病了，所以他的妈妈很伤心。
Yīnwèi tā bìng le, suǒyǐ tā de māma hěn shāngxīn.
그가 병이 나서, 그의 엄마가 매우 상심하신다.

● (之)所以A, 是因为 : A의 이유는, B 때문이다

문어체에서 원인이나 이유를 강조할 경우 '所以'가 앞 절에 오고, 그 앞에 '之'를 붙일 수 있다.

他之所以学汉语，是因为打算去中国留学。
Tā zhīsuǒyǐ xué Hànyǔ, shìyīnwèi dǎsuan qù Zhōngguó liúxué.
그가 중국어를 배우는 이유는, 중국에 유학을 갈 계획이기 때문이다.

● 由于~, 所以/因此/因而 : ~로 말미암아(~이기 때문에), 그래서

'因为'와 같은 의미지만 주로 문어체에 많이 쓰이며, 뒤에 '所以/因此/因而' 등과 호응하여 절과 절을 연결하는 작용을 한다.

由于收入的增加，因此生活水平也提高了。
Yóuyú shōurù de zēngjiā, yīncǐ shēnghuó shuǐpíng yě tígāo le. 
수입의 증가로, 생활수준도 향상되었다.

잠깐주목!!

'因为'와 '由于'의 차이

因为	由于
뒷 절에 주로 '所以'가 와서 호응	뒷 절에 '所以/因此/因而' 등이 와서 호응
앞·뒷 절에 모두 쓰일 수 있다.	앞 절에만 쓰인다.

■ 다음 단어의 병음을 쓰세요.

1. 和

2. 同

3. 与

4. 由于

■ 다음 중 맞는 문장은 O, 틀린 문장은 X 하세요.

5. 我每天都去图书馆跟去书店。（　）

6. 聪明和勤奋同等重要。（　）

■ 다음 괄호 안에 들어갈 적당한 단어를 보기에서 고르세요.

> 所以　之所以　因为　由于

7. 因为她身体不好，
　（　　）今天不能来。

8. （　　）收入的增加，
　因此生活水平也提高了。

9. 他（　　）学汉语，
　是因为打算去中国留学。

10. （　　）他病了，
　所以他的妈妈很伤心。

■ 다음 문장을 해석하세요.

11. 我跟他都会游泳。

12. 你是跟谁打听到的。

13. 我跟他都不会游泳。

14. 我不跟他一起去游泳。

15. 她的身材因为每天锻炼，所以才这么好的。

1. hé

2. tóng

3. yǔ

4. yóuyú

5. ✕
※연결사 '跟'은 명사를 대등하게 연결해준다.

6. ○
※'和'는 병렬된 형용사나 동사를 연결할 수 있다.

7. 所以

8. 由于
※'由于'와 '因为'는 의미가 같지만, '因为'는 뒤에 대체로 '所以'만 올 수 있으며, '由于'는 뒤에 '因此/因而' 등도 올 수 있다.

9. 之所以

10. 因为

11. 나와 그는 모두 수영을 할 줄 안다.

12. 누구한테 알아본 거야?

13. 나와 그는 모두 수영을 할 줄 모른다.

14. 나는 그 사람이랑은 함께 수영 안 간다.

15. 그녀의 몸매는 매일 단련을 해서, 이렇게 좋은 거야.

연결사 활용~ 성어 톡톡!!

남들 보기에는 별 매력이 없어도, 사랑하는 사람 눈에는 뭔가 달라 보이고, 남보다 뛰어나 보인다. 이럴 때 우리는 흔히 '제 눈에 안경'이라 표현하는데, 중국인은 '사랑하는 사람 눈에는 상대가 서시(西施 Xīshī 중국의 4대 미인 중 하나)로만 보인다(情人眼里只出西施)'고 표현한다.

与众不同 yǔzhòng bùtóng　남다르다. 보통사람과 다르다. 남보다 뛰어나다
情人眼里只出西施 Qíngrén yǎn li zhǐ chū Xīshī.　제 눈에 안경이다.

A: 你到底喜欢他的哪点？ Nǐ dàodǐ xǐhuan tā de nǎ diǎn?　넌 도대체 그의 어떤 점이 좋은 거야?
B: 怎么说呢。他就是有与众不同的魅力。 어떻게 말해야 하나. 그는 남다른 매력이 있어.
　　Zěnme shuō ne. Tā jiù shì yǒu yǔzhòng bùtóng de mèilì.
A: 这就是情人眼里只出西施。 Zhè jiù shì qíngrén yǎn li zhǐ chū Xīshī.　그게 바로 제 눈에 안경이야.

방위사 겸 연결사 一边

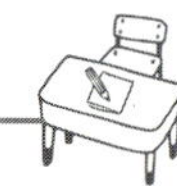

1. 방위사 一边 = 一旁

방위사로 쓰일 경우 '옆, 한 쪽'의 뜻으로, 앞에 개사가 올 수도 있다.

他一边站着看书。 Tā yìbiān zhànzhe kàn shū. 그는 한 쪽에 서서 책을 본다.

我们吃饭的时候，他在一边坐着什么话也没说。
Wǒmen chīfàn de shíhòu, tā zài yìbiān zuòzhe shénme huà yě méi shuō.
우리가 식사할 때, 그는 한 쪽에 앉아 아무 말도 하지 않았다.

2. 연결사 一边A, 一边B = 一面A一面B

'A하면서 B하다'의 뜻으로 같은 시간 내에 두 가지 동작이 각각 동시에 발생함을 강조한다. 앞 절의 '一边'은 생략이 가능하다.

他(一边)说着话，一边打扫房间。 그는 말을 하면서, 방 청소를 한다.
Tā (yìbiān) shuōzhe huà, yìbiān dǎsǎo fángjiān.

他们一边唱歌，一边跳舞。 그들은 노래를 부르며, 춤을 춘다.
Tāmen yìbiān chàng gē, yìbiān tiàowǔ.

'一边'의 '一'는 생략 가능하며, 생략할 경우 동사는 단음절이어야 한다. 또한 '一边A, 一边B'는 주어가 같을 수도 다를 수도 있지만, '边A边B'의 경우 주어는 동일한 주어 하나여야 한다.

边说边笑。 Biān shuō biān xiào. 말하면서 웃다.
他边说边记。 Tā biān shuō biān jì. 그는 말하면서 적는다.
你边说，我边记。 Nǐ biān shuō, wǒ biān jì. (✕)

잠깐주목!!

'一边A, 一边B'와 '一方面A, (另)一方面B'의 차이

한국어로는 'A하면서 B하다'로 비슷하게 보이지만, 다음과 같은 차이가 있다.

❶ '一边A, 一边B' : 두 동작이 동일한 시간에 동시에 일어남을 강조.

爸爸一边看电视，一边看报纸。 아빠는 TV를 보면서, 신문을 보신다.
Bàba yìbiān kàn diànshì, yìbiān kàn bàozhǐ.

❷ '一方面A, 一方面B' : 병존하는 두 측면을 강조. 시간적 차이가 있을 수 있다. 주로 뒤에 '也, 又, 还'가 온다.

一方面为了省钱，另一方面为了省事，我们只能这样做。
Yìfāngmiàn wèile shěngqián, lìng yìfāngmiàn wèile shěngshì, wǒmen zhǐ néng zhèyàng zuò.
한편으로는 돈을 절약하고, 또 한편으론 일을 덜기 위해, 우리는 이렇게 할 수 밖에 없다.

■ 다음 단어의 병음을 쓰세요.

1. 一边

2. 一面

3. 一方面

■ 다음 밑줄 그은 단어의 동의어를 보기에서 고르세요.

> 一面　一旁

4. 他一边站着看书。

5. 他们一边唱歌，一边跳舞。

■ 다음 문장이 맞으면 O, 틀리면 X하세요.

6. 你边说，我边记。（　）

7. 你一边说，我一边记。（　）

8. 他边说边笑。（　）

■ 다음 문장을 해석하세요.

9. 他们一边唱歌，一边跳舞。

10. 我们吃饭的时候，他在一边坐着什么话也没说。

1. yìbiān

2. yímiàn

3. yìfāngmiàn

4. 一旁
※ '옆, 한쪽' 의미의 방위사

5. 一面
※ A라는 동작을 하면서 B라는 동작을 동시에 함을 나타내는 연결사

6. ✕
※ '边A边B'의 경우 주어는 동일한 주어 하나여야 한다.

7. O

8. O

9. 그들은 노래를 부르며, 춤을 춘다.

10. 우리가 식사할 때, 그는 한 쪽에 앉아 아무 말도 하지 않았다.

연결 작용을 하는 일부 부사

1. 又A又B = 既A又B　A이면서 B이기도 하다, A하다가 B하다

❶ A와 B가 동사인 경우

동사가 동작 동사일 경우, 동일한 공간에서 동일한 시간대에 차례대로 혹은 반복적으로 일어나는 동작을 나타낸다.

又唱歌又跳舞。 Yòu chàng gē yòu tiàowǔ.　노래 불렀다 춤췄다 하다.

동사가 '是'일 경우, 'A이기도 하고 B이기도 하다'라는 의미이다.

既是办公室，又是卧室。
Jì shì bàngōngshì, yòu shì wòshì.　사무실이기도 하고, 침실이기도 하다.

❷ A와 B가 형용사인 경우

두 가지 상태, 성질이 동시에 존재함을 나타내며, 형용사 앞에 정도부사 '很, 非常' 등이 올 수 없다.

又聪明又善良。 Yòu cōngming yòu shànliáng.　총명하면서 착하다.
质量既好，价格又便宜。 품질도 좋고 가격까지 싸다.
Zhìliàng jì hǎo, jiàgé yòu piányi.

✿ 주어가 동일할 수도 다를 수도 있다. 단, A와 B의 음절수는 같아야 한다.

'又A又B'와 '既A也B'의 차이

❶ 又A又B = 既A又B A이기도 하고 B이기도 하다.

A와 B는 음절수가 같아야 한다. A와 B는 동사, 형용사 모두 가능하다.
　　又唱又跳。Yòu chàng yòu tiào. 노래 불렀다 춤췄다 하다.
　　又聪明又善良。Yòu cōngming yòu shànliáng. 총명하면서 착하다.

❷ 既A也B A일 뿐만 아니라 B이기도 하다.

A와 B는 음절수가 대체로 같다. A와 B는 동사만 가능하다.
　　他既懂汉语，也懂日语。그는 영어를 할 줄 알 뿐 아니라, 일어도 할 줄 안다.
　　Tā jì dǒng Hànyǔ, yě dǒng Rìyǔ.

❀ '越A越B'의 A와 B의 주어는 동일할 수도 다를 수도 있다. 또한, '越来越~'는 '점점~해지다'의 뜻을 나타낸다.

你越来越漂亮。
Nǐ yuè lái yuè piàoliang.
넌 점점 예뻐지는구나.

2. 越A越B = 愈A愈B A 할수록 B하다

我越劝他，他越不听话。내가 그에게 권할수록, 그는 말을 듣지 않는다.
Wǒ yuè quàn tā, tā yuè bù tīnghuà.

风越刮越大。Fēng yuè guā yuè dà. 바람이 불 수록 거세진다.(점점 세게 분다.)

雨越下越大。Yǔ yuè xià yuè dà. 비가 점점 많이 내린다.

3. 非(得/要)~不可/不行/不成 = 必须，一定要
　　~하지 않으면 안 된다

非得去不可。Fēi děi qù bù kě. 가지 않으면 안 된다. = 一定要去。

要办成这件事非他不成。 이 일을 성사시키려면 그가 아니면 안 된다.
Yào bànchéng zhè jiàn shì fēi tā bù chéng.

4. 再~也/还 아무리 더 ~해도

我再怎么劝他戒酒，他还是不听。
Wǒ zài zěnme quàn tā jiè jiǔ, tā háishi bù tīng.
내가 아무리 그에게 술을 끊으라 해도, 그는 말을 듣지 않아.

情况再严重，我们也不能放弃。 상황이 아무리 심각해도, 우리는 포기할 수 없다.
Qíngkuàng zài yánzhòng, wǒmen yě bù néng fàngqì.

정답

■ 다음 단어들의 병음을 쓰세요.

1. 既

2. 越

3. 非

4. 又

■ 다음 밑줄 친 단어의 동의어를 보기에서 고르세요.

> 愈　不可　既

9. 风<u>越</u>刮<u>越</u>大。

10. <u>又</u>聪明<u>又</u>善良。

11. 要办成这件事非他<u>不成</u>。

■ 다음 괄호 안에 들어갈 적당한 말을 보기에서 고르세요.

> 非　越　既　再

5. (　　)是办公室，又是卧室。

6. 我(　　)劝他，他越不听话。

7. (　　)得去不可。

8. 情况(　　)严重，我们也不能放弃。

■ 다음 문장을 해석하세요.

12. 雨越下越大。

13. 又聪明又善良。

14. 既是办公室，又是卧室。

15. 非得去不可。

1. jì
2. yuè
3. fēi
4. yòu
5. 既
6. 越
7. 非
8. 再
9. 愈
10. 既
11. 不可
12. 비가 점점 많이 내린다.
13. 총명하면서 착하다.
14. 사무실이기도 하고, 침실이기도 하다.
15. 가지 않으면 안 된다.

자주 쓰이는 연결사

하나의 연결사는 비슷해 보이지만 의미가 약간 다른 경우가 많다. 미묘한 차이로 전혀 다른 의미의 문장이 될 수 있으니 차이점을 잘 알아두자.

> ✿ 하나의 연결사로 앞·뒤 성분을 연결하는 경우도 있지만, 두 개의 연결사로 앞·뒤를 연결해주는 경우가 많다. 반드시 숙어처럼 함께 암기하자.

1. 而

❶ 그리고
주로 병렬적 성격을 갖는 두 개의 형용사를 연결하여 대등한 관계를 나타낸다.

这棵树高而宽。　Zhè kē shù gāo ér kuān.　이 나무는 높고 넓다.

❷ 하지만 = 然而, 但是, 却
전환을 나타내며, 앞의 내용과 상반되는 어떤 사실을 뒤에 첨가해준다.

这种橘子大而不甜。Zhè zhǒng júzi dà ér bù tián.　이런 귤은 크지만 달지는 않아요.

❸ 그래서
앞에 목적, 원인, 근거를 나타내는 '为, 为了, 因为, 由于, 通过' 등이 온다.

你不能因为取得了好成绩，而骄傲起来。
Nǐ bù néng yīnwèi qǔdéle hǎo chéngjì, ér jiāo'ào qǐlái.
넌 좋은 성적을 얻었다고 해서, 거만해져서는 안 된다.

2. 而且　게다가, 뿐만 아니라 = 并且

앞의 말보다 뒤의 말이 진일보된 상태를 나타낸다. 주로 앞절에 '不但'이 와서 호응한다.

他不但长得很漂亮，而且很聪明。　그녀는 예쁘고 똑똑하기까지 하다.
Tā bú dàn zhǎng de hěn piàoliang, érqiě hěn cōngming.

3. 不但

❶ 不但/不仅/不光/不只~, 而且/并且/且/还/也　~일뿐 아니라, 게다가~

他不但个子很高，而且长得很帅。
Tā bú dàn gèzi hěn gāo, érqiě zhǎng de hěn shuài.
그는 키가 클 뿐 아니라, 게다가 멋지게 생겼다.

不但不 ~, 反而　~아닐 뿐 아니라, 오히려~

'不但' 뒤에 부정형이 오고 뒷절에 '反而'과 호응하여 'A일뿐 아니라 오히려 B'라는 뜻이 된다.

这次考试成绩不但没提高，反而下降了。
Zhè cì kǎoshì chéngjì bú dàn méi tígāo, fǎn'ěr xiàjiàng le.
이번 시험 성적은 오르지 않았을 뿐 아니라, 오히려 떨어졌다.

4. 除了A(以外)

❶ 除了A(以外), B也/还　A를 포함해서, 그 외에 또 B

这件事除了他以外，我也知道。　이 일은 그 외에, 나도 안다.
Zhè jiàn shì chúle tā yǐwài, wǒ yě zhīdào.

会弹钢琴的，除了他还有三个。　피아노 칠 줄 아는 사람이 그 말고, 셋 더 있다.
Huì tán gāngqín de, chúle tā hái yǒu sān ge.

❷ 除了A(以外), B都/全 A를 제외하고, 그 외에 B는 모두

这件事除了他以外，我们都知道。　이 일은 그만 제외하고, 우리 모두 안다.
Zhè jiàn shì chúle tā yǐwài, wǒmen dōu zhīdào.

他除了面包以外，什么都吃。　그는 빵만 빼고, 뭐든지 먹는다.
Tā chúle miànbāo yǐwài, shénme dōu chī.

❸ 除了A(以外), 不/没～ A이외에는, ～하지 않다.

他每天除了学汉语以外，不做别的。그는 매일 중국어 공부 외에, 다른 건 안 한다.
Tā měitiān chúle xué Hànyǔ yǐwài, bú zuò bié de.

除了你以外，没人吃过我做的菜。너 말고 내가 만든 음식을 먹어본 사람이 없어.
Chúle nǐ yǐwài, méi rén chīguo wǒ zuò de cài.

❹ 除了A ，就是B A하지 않으면/A말고는, B하다.

他除了睡，就是玩。　Tā chúle shuì, jiù shì wán. 그는 자지 않으면, 논다.

5. 除非

어떤 조건이 유일한 선결 조건임을 강조할 때 쓰인다.

❶ 除非A, 才B 반드시 A해야만, 비로소 B 할 수 있다. = 只有A, 才B

除非吃这个药，你才能治病。이 약을 먹어야만, 네 병을 치료할 수 있어.
Chúfēi chī zhège yào, nǐ cái néng zhìyào.

除非你吃，他才会吃。네가 먹어야만, 그가 먹을 것이다.
Chúfēi nǐ chī, tā cái huì chī.

❷ 除非A, 不～ 반드시 A해야 하며, 그렇지 않으면 ～할 수 없다.

除非你吃，他不会吃。Chúfēi nǐ chī, tā bú huì chī.
= 除非你吃，否则他不会吃。Chúfēi nǐ chī, fǒuzé tā bú huì chī.
네가 먹어야만 해, 그렇지 않으면 그가 안 먹을 거야.

❸ 除非A, 否则/要不/要不然/不然B
A의 경우가 아니라면, B의 결과를 얻을 수 없다.

除非下大雨，否则我们一定去。비가 많이 오지만 않으면, 우린 반드시 간다.
Chúfēi xià dà yǔ, fǒuzé wǒmen yídìng qù.

除非做完作业，否则不能出去玩儿。숙제를 다 하지 않으면, 나가 놀 수 없다.
Chúfēi zuòwán zuòyè, fǒuzé bù néng chūqù wánr.

6. 只有A, 才B A이어야만, 비로소 B하다.

只有你先说对不起，才能消除误解。　네가 먼저 사과해야만, 오해를 풀 수 있다.
Zhǐyǒu nǐ xiān shuō duìbuqǐ, cái néng xiāochú wùjiě.

只有你，才能解决这个问题。　당신만이 이 문제를 해결할 수 있어요.
Zhǐyǒu nǐ, cái néng jiějué zhège wèntí.

'除非A, 才B'와 '只A, 才B'의 차이

❶ 除非~ : 주로 뒤에 동사구나 절이 오며, 뒤에 '是'가 올 수 있다.

除非是你才那样做。　당신만이 그렇게 할 수 있다.
Chúfēi shì nǐ cái nàyàng zuò.(○)

❷ 只有~ : 뒤에 명사, 동사, 절이 모두 올 수 있지만, '是'는 올 수 없다.

只有你才那样做。Zhǐyǒu nǐ cái nàyàng zuò.(○) 당신만이 그렇게 할 수 있다.
只有是你才那样做。Zhǐyǒu shì nǐ cái nàyàng zuò.(✕)

7. 只要A, 就/便B A 하기만하면, 곧 B 하다.

只要你愿意，我就做。Zhǐyào nǐ yuànyì, wǒ jiù zuò.　당신이 원한다면, 전 합니다.

你只要给他买冰淇淋，他就不会哭的。
Nǐ zhǐyào gěi tā mǎi bīngqílín, tā jiù bú huì kū de.
당신이 그 애에게 아이스크림만 사준다면, 그 앤 울지 않을 거예요.

'只要~就'와 '只有~才'의 차이

❶ 只要A~就B : A하기만 하면, 곧 B하다.
어떤 결과를 위한 필요조건이며, 다른 방법이 있을 수도 있음.

你只要亲口对她说，她就会相信。
Nǐ zhǐyào qīnkǒu duì tā shuō, tā jiù huì xiāngxìn.
네가 직접 그녀에게 말하기만하면, 그녀가 믿을 거야.

❷ 只有A~才B : A이어야만 비로소 B하다.
어떤 결과를 위한 유일한 조건

只有你亲口对她说，她才相信。　네가 직접 그녀에게 말해야만, 그녀가 믿어.
Zhǐyǒu nǐ qīnkǒu duì tā shuō, tā cái xiāngxìn.

8. A还是B　A인가 아니면 B인가

'还是'가 연결사로 쓰일 경우 '(是)A还是B' 혹은 '(还是)A还是B' 등의 형식으로
'A 아니면 B'라는 선택의문문을 만들어준다.

你同意还是反对？ Nǐ tóngyì háishi fǎnduì?　넌 동의하니 아니면 반대하니?
他是中国人还是韩国人？ 그는 중국인인가요 아님 한국인인가요?
Tā shì Zhōngguórén háishi Hánguórén?

9. A或(者)B　A 혹은 B

'或者'가 연결사로 쓰일 경우 'A或者B'나 '或者A或者B'의 형식으로 쓰여 'A혹은
B'의 뜻이 된다.

(或者)明天或者后天他会来的。　내일이나 모레 그가 올 것이다.
(huòzhe) Míngtiān huòzhě hòutiān tā huì lái de.

10. 要么

❶ (要么)A要么B : A하든지 B하든지
　두 가지 가운데 하나를 선택하는 의미로, 상의하는 어투를 갖는다.
　要么吃面包，要么吃面条，除了这两个以外我什么也不吃。
　Yàome chī miànbāo, yàome chī miàntiáo, chúle zhè liǎng ge yǐwài wǒ shénme
　yě bù chī.
　빵을 먹든지, 국수를 먹든지, 이 두 개 말고는 난 아무것도 안 먹을래.

❷ A, 要么B吧 : A이니, B하든지 하자.
　앞 절에 먼저 상황 설명을 하고, 뒷 절에 말하는 이의 의견을 제시한다.

　家里没有大米，要么吃点饺子吧。 집에 쌀이 없으니, 만두나 좀 먹든지 합시다.
　Jiā li méi yǒu dàmǐ, yàome chī diǎn jiǎozi ba.

11. 不是A, (而)是B　A가 아니고, 바로 B이다.

这个东西不是我的，而是他的。 이것은 내 것이 아니고, 그의 것이다.
Zhège dōngxi bú shì wǒ de, ér shì tā de.

☘ '不是A, 就是B'는 둘 중에 하나는 틀림없는 사실임을 나타낸다.

'不是A, 就是B' A이거나 아니면 B이다.

'不是A, (而)是B'와 형식은 비슷하지만 의미는 전혀 달라지므로 유의해야 한다.

他每天不是玩电脑，就是看电视。
Tā měitiān bú shì wán diànnǎo, jiù shì kàn diànshì.
그는 매일 컴퓨터를 하거나 아니면 텔레비전을 봅니다.

12. 与其A, 宁可B A하느니, 차라리 B하는게 낫겠다

'与其'와 '宁可'는 취사선택을 나타내는데, '与其'가 이끄는 부분은 버려지는 쪽이고, '宁可'가 이끄는 부분은 선택되는 쪽이다. 즉 'A를 하지 않고, B하겠다'는 표현이다.

与其跟他结婚，宁可永远不结婚。
Yǔqí gēn tā jiéhūn, nìngkě yǒngyuǎn bù jiéhūn.
그와 결혼하느니, 차라리 영원히 결혼 안 하는 게 낫다.

비슷한 표현으로 '与其A, 不如/宁愿B'가 있으며, '不如' 앞에 '还, 真, 倒' 등이 올 수 있다.

与其说假话，宁愿不说话。 거짓말을 하느니, 차라리 말을 안 하겠다.
Yǔqí shuō jiǎhuà, nìng yuàn bù shuōhuà.
与其你去，还不如我去。 네가 가는 것보다, 차라리 내가 가는 게 낫다.
Yǔqí nǐ qù, hái bù rú wǒ qù.

13. 宁可

비교 후에 선택되는 쪽을 나타낸다.

❶ 宁可A, 也不/决不B : A일지언정, B하지 않다
B를 하지 않기 위해, A라는 대가라도 치르겠다는 의미가 내포되어 있다.

我宁可自己辛苦点儿，也不能让孩子们受累。
Wǒ nìngkě zìjǐ xīnkǔ diǎnr, yě bù néng ràng háizimen shòulèi.
제가 조금 힘들더라도, 제 아이를 고생시킬 수는 없어요.

❷ 宁可A, 也要B : A하더라도, B하겠다
B를 하기 위해서, A라는 대가라도 치르겠다는 의미이다.

我宁可少吃点，也要多帮助别人。
Wǒ nìngkě shǎo chī diǎn, yě yào duō bāngzhù biérén.
내가 좀 더 적게 먹더라도, 다른 사람들을 많이 도와주겠어요.

연결사 활용~ 회화 쑥쑥!!

학생들은 종종 '不是A, 而是B'와 '不是A, 就是B'를 혼동하여 회화에서 실수를 하곤 한다. 다음 회화를
통해 확실히 구분하자!

| 不是A, 而是B | A가 아니고, 바로 B이다 |
| 不是A, 就是B | A 아니면 B, B아니면 A, 둘 중 하나이다. |

A: 你哥怎么了？为什么一句话也不说？我想，他不是身体不好，就是心情不好吧。
　　Nǐ gē zěnme le? Wèishénme yí jù huà yě bù shuō? Wǒ xiǎng, tā bú shì shēntǐ bù hǎo, jiù shì xīnqíng
　　bù hǎo ba.
　　네 오빠 왜 그런 거야? 왜 한 마디도 안 해? 내 생각엔 몸이 안 좋거나, 아니면 기분이 안 좋은 거 같은데.

B: 不是什么身体不好心情不好，而是他的性格不好。
　　Bú shì shénme shēntǐ bù hǎo xīnqíng bù hǎo, érshì tā de xìnggé bù hǎo.
　　무슨 몸이나 기분이 안 좋은 게 아니라, 오빠 성격이 안 좋은 거야.

14. 不论/无论/不管A　A를 막론하고

주로 뒷절에 '也/都'와 호응한다. '不论/无论'뒤의 A는 선택관계의 병렬성분이나
의문대명사가 온다.

不论你同意还是不同意，我都得去。당신이 동의하건 안 하건, 전 가야만 해요.
Búlùn nǐ tóngyì háishi bù tóngyì, wǒ dōu děi qù.

不管有什么困难，你们也不能放弃。
Bùguǎn yǒu shénme kùnnán, nǐmen yě bù néng fàngqì.
어떤 어려움이 있더라도, 너희들은 포기해선 안 된다.

> ✿ '不论', '无论'은 주로 문어체에, '不管'은 회화체에서 많이 쓰인다.

15. 虽然/尽管A, 可～　비록 A지만, 그러나～

❶ 虽然/尽管이 앞절에 쓰이는 경우
앞절에 쓰일 경우 '虽然/尽管'은 주어의 앞이나 뒤에 모두 쓰일 수 있으며,
뒷절에는 '可是', '但是', '然而', '不过' 등이 올 수 있다.

虽然他学习成绩很好，可是他性格不太好。
Suīrán tā xuéxí chéngjì hěn hǎo, kěshì tā xìnggé bú tài hǎo.
비록 그는 학업성적은 좋지만, 성격은 별로이다.

我虽然很喜欢学汉语，但是汉语说得不太好。
Wǒ suīrán hěn xǐhuan xué Hànyǔ, dànshì Hànyǔ shuō de bú tài hǎo.
난 중국어 배우길 좋아하긴 하지만, 중국말은 잘 못한다.

❷ 虽然/尽管이 뒷절에 쓰이는 경우

'虽然/尽管'은 뒷절에 쓰일 수도 있는데, 이 경우 앞절에는 '可是, 但是' 등
역접을 나타내는 말이 올 수 없으며, '虽然/尽管'은 반드시 주어의 앞에 온다.

他没给我回信，虽然我联络了好几次。
Tā méi gěi wǒ huí xìn, suīrán wǒ liánluòle hǎo jǐ cì.

내가 몇 번이나 연락을 했는데도 그는 내게 회신이 없다.

但是, 可是, 然而, 不过

이들은 모두 앞의 문장과 상반되는 의미를 이끌어 역접을 나타내는 연결사이다.
'然而'은 문어체에 많이 쓰인다. '但是, 可是, 不过'는 회화체에 많이 쓰이는
데, 이들의 어감에는 다음과 같은 차이가 있다.

❶ 但是 : 단, 그러나, 하지만 : 어감이 가장 강하다.

❷ 可是 : 하지만

❸ 不过 : ~지만, ~인데 : 어감이 아주 부드러워 회화체에 가장 흔히 쓰인다.

16. 即使/就是A, 也~ 설령/설사 A라 할지라도

'虽然/尽管'이 이끄는 절은 사실을 나타내지만, '即使/就是'가 이끄는 절은 가정을 나타낸다.

即使下大雨也去。 **Jíshǐ xià dà yǔ yě qù.**　설령 비가 많이 와도 간다.

求求你, 即使一口水也好。부탁이에요, 설령 물 한 모금일지라도 좋아요.
Qiúqiú nǐ, jíshǐ yì kǒu shuǐ yě hǎo.

17. 既然 이왕/기왕 이렇게 된 바에

뒷 절에 주로 '那么', '就'가 와서 호응한다.

你既然来了, 就多呆几天吧。이왕 왔으니, 며칠 머물러라.
Nǐ jìrán lái le, jiù duō dāi jǐ tiān ba.

既然决定做了, 就要好好儿做。기왕 하기로 결정했으니, 잘 해야 한다.
Jìrán juédìng zuò le, jiùyào hǎohāor zuò.

18. 如果~ 만약 ~라면

가정을 나타내며 뒷 절에는 주로 '那么, 那, 就, 便' 등이 온다.

如果下雨的话, 我就不去了。 만약 비가 온다면, 난 안 갈래.
Rúguǒ xià yǔ de huà, wǒ jiù bú qù le.

= 如果下雨, 我就不去了。 = 下雨的话, 我就不去了。
= **Rúguǒ xià yǔ, wǒ jiù bú qù le.** = **Xià yǔ de huà, wǒ jiù bú qù le.**

如果我爸爸同意, 我就去。만약 아빠가 동의하시면, 난 간다.
Rúguǒ wǒ bàba tóngyì, wǒ jiù qù.

> ❀ '如果~' 뒤에 조사 '~的话'를 쓸 수 있다. 하지만 '如果'와 '的话' 둘 중 하나가 생략되어도 무방하다.

如果의 동의어

❶ 要(是)

你脾气真好，要我早生气了。 너 정말 성격 좋다. 나라면 벌써 화냈을 거야.
Nǐ píqì zhēn hǎo, yào wǒ zǎo shēngqì le.

要是我，早就跟他分手了。 만약 나라면 벌써 그와 헤어졌어.
Yàoshi wǒ, zǎojiù gēn tā fēnshǒu le.

❷ 假如

'假如'는 주로 문어체에 쓰인다.

假如明天天气好，我就去你家。 만약 내일 날씨가 좋다면, 너희 집에 가겠다.
Jiǎrú míngtiān tiānqì hǎo, wǒ jiù qù nǐ jiā.

❸ 万一

'万一'는 실현 가능성이 아주 적은 경우에 쓰인다.

万一他已经走了，那怎么办？ 만에 하나 그가 벌써 갔으면, 어쩌지?
Wànyī tā yǐjing zǒu le, nà zěnme bàn?

■ 다음 단어의 병음을 쓰세요.

1. 无论

2. 即使

3. 既然

4. 虽然

5. 假如

■ 다음 괄호에 들어갈 적당한 단어를 고르세요.

即使　虽然　的话　假如

6. (　　　)明天天气好，我就去你家。

7. 求求你，(　　　)一口水也好。

8. (　　　)我很喜欢学汉语，但是汉语说得不太好。

9. 如果下雨(　　　)，我就不去了。

■ 다음 밑줄 그은 말 대신 쓸 수 있는 단어를 고르세요.

就是　假如　无论

10. <u>如果</u>明天天气好，我就去你家。

11. <u>即使</u>下大雨也去。

12. <u>不论</u>你同意还是不同意，我都得去。

■ 다음 문장을 해석하세요.

13. 既然决定做了，就要好好儿做。

14. 不管有什么困难，你们也不能放弃。

15. 万一他已经走了，那怎么办?

1. wúlùn
2. jíshǐ
3. jìrán
4. suīrán
5. jiǎrú
6. 假如
7. 即使
8. 虽然
9. 的话
10. 假如
11. 就是
12. 无论
13. 기왕 하기로 결정했으니, 잘 해야 한다.
14. 어떤 어려움이 있더라도, 너희들은 포기해선 안 된다.
15. 만에 하나 그가 벌써 갔으면, 어쩌지?

HSK 실전 연습문제

■ 다음 병음에 알맞은 단어를 쓰세요.

1   wúlùn

2   jiǎrú

3   suīrán

4   jìrán

5   bùguǎn

■ 다음 제시된 단어가 들어갈 위치를 고르세요.

6   又   质量既好（ A ），（ B ）价格（ C ）便宜（ D ）。

7   的话   如果（ A ）下雨（ B ），我（ C ）就不去（ D ）了。

8   除了   （ A ）他（ B ）每天（ C ）学（ D ）汉语以外，不做别的。

9   虽然   他没给我回信，（ A ）我（ B ）联络（ C ）了（ D ）好几次。

10 不论   （ A ）你同意（ B ）还是（ C ）不同意，（ D ）我都得去。

■ 다음 밑줄 그은 단어 대신 쓸 수 <u>없는</u> 단어를 고르세요.

11 <u>如果</u>下雨，我就不去了。
    A 假如   B 要是   C 万一   D 虽然

12 虽然他学习成绩很好，<u>可是</u>他性格不太好。
    A 所以   B 但是   C 不过   D 然而

■ 다음 밑줄 그은 단어 대신 쓸 수 있는 가장 적당한 단어를 고르세요.

13 质量<u>既</u>好，价格又便宜。   A 都   B 又   C 还   D 越

14 与其说假话，<u>宁愿</u>不说话。   A 都   B 也   C 宁可   D 即使

15 <u>假如</u>明天天气好，我就去你家。   A 即使   B 尽管   C 宁可   D 如果

■ 다음 괄호 안에 들어갈 가장 적합한 단어를 고르세요.

16 （　　）去不可。

  A 就是   B 非得   C 如果   D 尽管

17 因为她身体不好，（　　）今天不能来。

  A 所以   B 但是   C 可是   D 由于

18 （　　）为了省钱，另（　　）为了省事，我们只能这样做。

  A 一面   B 一方面   C 又   D 越

19 只有你先说对不起，（　　）能消除误解。

  A 才   B 就   C 也   D 都

20 他（　　）非常聪明，而且很认真学习。

  A 并且   B 虽然   C 不但   D 不是

■ 다음을 중국어로 작문하세요. (괄호 안에 주어진 단어가 있다면 그것을 이용하세요.)

21 내가 그에게 권할수록, 그는 말을 듣지 않는다.

22 이 일을 성사시키려면 그가 아니면 안 된다.(要)

23 이 일은 전혀 중요하지 않아요.

24 그는 매일 컴퓨터를 하거나 아니면 텔레비전을 봅니다.

25 그는 빵만 빼고, 뭐든지 먹는다.

26 그들은 노래를 부르며, 춤을 춘다.(一边～一边)

27 일 관계로, 난 며칠 출장 갔다.(由于)

28 그가 중국어를 배우는 이유는, 중국에 유학을 갈 계획이기 때문이다.(之所以～是因为)

29 그는 중국인인가요 아님 한국인인가요?

30 이번 시험 성적은 오르지 않았을 뿐 아니라, 오히려 떨어졌다.

HSK 실전 연습문제
정답 및 해설

1	无论		16	B

1 无论

2 假如

3 虽然

4 既然

5 不管

6 C

7 B

8 C

9 A

※'虽然/尽管'이 뒷절에 쓰일 경우 '虽然/尽管'은 반드시 주어 앞에 온다.

10 A

11 D

12 A

13 B

14 C

15 D

16 B

※'非得~不可' ~하지 않으면 안 된다.

17 A

18 B

※'一方面A, 一方面B'는 병존하는 두 측면을 강조하고 시간적 차이가 있을 수 있으나, '一边A, 一边B'는 두 동작이 동일한 시간에 동시에 일어남을 강조한다.

19 A

20 C

21 我越劝他，他越不听话。

22 要办成这件事非他不成。

23 这件事并不重要。

24 他每天不是玩电脑，就是看电视。

25 他除了面包以外，什么都吃。

26 他们一边唱歌，一边跳舞。

27 由于工作关系，我出差去了几天。

28 他之所以学汉语，是因为打算去中国留学。

29 他是中国人还是韩国人？

30 这次考试成绩不但没提高，反而下降了。

CHAPTER 8

조사

조사

중국어의 조사는 그 기능에 따라 구조조사, 어기조사, 동태조사로 나눌 수 있다.

구조조사

구조조사는 단어를 연결하여, 문장에서 문법적인 구조관계를 만들어준다.

1. 的

'관형어+的+중심어' 형식에서, 관형어와 중심어 사이에 오는 구조조사

❶ 소유를 나타냄

我的书 wǒ de shū 나의 책

我的书包 wǒ de shūbāo 내 책가방

❷ 수식을 나타냄

주로 묘사를 통해 수식관계를 나타낸다.

漂亮的姑娘 piàoliang de gūniang 아름다운 아가씨

好看的衣服 hǎokàn de yīfu 예쁜 옷

❸ 명사화

중심어가 생략된 '관형어+的'구조는 '~의 것/사람, ~인 것/사람'의 뜻이 되어 '명사화'되었다고 말할 수 있다.

'명사+的'

 유형1

这是我的。Zhè shì wǒ de. 이것은 내 것이다.

他是我们班的。Tā shì wǒmen bān de. 그는 우리 반이야.

'성질형용사+的'

大的 dà de 큰 것

유형2 小的 xiǎo de 작은 것

这个太大，有小点的吗? 이건 너무 큰데, 좀 더 작은 거 있나요?
Zhège tài dà, yǒu xiǎo diǎn de ma?

'동사+的'

 유형3

那不是我买的。 그건 제가 산 게 아닌데요.
Nà bú shì wǒ mǎi de.

他是开车的。 Tā shì kāichē de. 그는 기사(운전하는 사람)이다.

❹ '的'가 생략될 수 있는 경우

● '명사(+的)+명사'

수식 받는 명사가 '가족, 친척, 친구, 소속집단' 등일 때, '的'를 생략할 수 있다.

他父亲 tā fùqīn   그의 부친
我朋友 wǒ péngyou   내 친구
我们学校 wǒmen xuéxiào   우리 학교

● 긴밀하게 연결되어 한 단어처럼 쓰이는 경우

이때는 '的'를 생략하지 않는 경우와 의미상 차이가 있을 수 있다.

他有一个中国朋友。   그는 중국친구가 하나 있어요.
Tā yǒu yí ge Zhōngguó péngyou.

韩国是中国的朋友。   한국은 중국의 친구이다.
Hánguó shì Zhōngguó de péngyou.

孩子脾气 háizi píqi 아이같은 성질
孩子的脾气 háizi de píqi 아이의 성격

● 수량사가 명사를 수식할 경우

两个学生 liǎng ge xuésheng (O) 두 명의 학생
两个的学生 liǎng ge de xuésheng (✕)

● 형용사(+的)+명사

> **유형1**
> 단음절 형용사가 부사없이 수식어가 될 경우, 대체로 '的'를 생략한다.
>
> 好人 hǎorén 좋은 사람   坏人 huàirén 나쁜 사람

> **유형2**
> 일부 쌍음절 형용사 중 수식어와 중심어 사이에 '的'를 생략하는 경우가 있다. 이들은 이미 습관적으로 많이 사용되어 하나의 단어처럼 고정된 경우이다.
>
> 友好关系 yǒu hǎo guānxi 우호관계
> 要紧事 yàojǐn shì 중요한 일
> 老实人 lǎoshi rén 정직한 사람

잠깐주목!!

'多, 少'는 단음절 형용사이지만, 앞에 부사를 쓰고 '的'는 쓰지 않는 특수한 형식을 사용한다.   p79 참조

教室里有很多学生。   교실에 많은 학생들이 있다.
Jiàoshì li yǒu hěn duō xuésheng.

✿ 명사를 수식하는 형용사가 중첩하거나 앞에 부사가 있다면, '的'를 생략할 수 없다.

红红的苹果
hónghóng de píngguǒ
빨간 사과(O)

红红苹果(✕)

很聪明的孩子
hěn cōngming de háizi
매우 총명한 아이(O)

很聪明孩子(✕)

不胖的人
bú pàng de rén
뚱뚱하지 않은 사람(O)

不胖人(✕)

연습 문제

■ 다음 단어의 뜻을 쓰세요.

1. 厚的

2. 薄的

3. 好人

4. 坏人

5. 要紧事

■ 다음 해석에 알맞게 되도록, 괄호 안에 가장 적당한 단어를 쓰세요.

6. 漂亮(　　　)姑娘 아름다운 아가씨

7. 好看的(　　　) 예쁜 옷

■ 다음 중 맞는 표현은 O, 틀린 표현은 X하세요.

8. 很好的人 (　　)

9. 很好人 (　　)

10. 好事 (　　)

2. 地

부사어 표지라 할 수 있는 구조조사 '地'는 다른 단어 뒤에 붙어 부사어로 바꾸어 주는 기능을 한다. 주로 형용사 뒤에 붙지만, 이외에 동사나 명사 뒤에 붙는 경우도 있다.

❶ 형용사+地

유형1 他很高兴地走了。 그는 아주 기분 좋게 갔다.
Tā hěn gāoxìng de zǒu le.

유형2 仔细(地)看。 Zǐxì (de) kàn. 자세히 보다.
彻底(地)除掉。 Chèdǐ (de) chúdiào. 철저히 제거하다.

유형3 不要着急，慢慢(地)说。 조급해하지 말고, 천천히 말 하세요.
Búyào zháojí, mànmàn de shuō.

❷ 동사(구)+地

他不停地流眼泪。 Tā bù tíng de liú yǎnlèi. 그는 끊임없이 눈물을 흘린다.

'不停'과 '不住' 뒤에는 일반적으로 '地'가 붙어, '끊임없이'라는 부사어 '不停地', '不住地'가 된다. 이외에 동사가 부사어가 되는 경우 '地'의 사용은 비교적 자유롭다.

❸ 명사(구)+地

일반적으로 명사가 서술어를 수식하는 부사어로 쓰이진 않지만, 일부 추상명사나 명사구는 '地'를 붙여 부사어로 쓰이기도 한다.

历史地考察 lìshǐ de kǎochá 역사적으로 고찰하다
一个字一个字地练习 yí ge zì yí ge zì de liànxí 한 글자 한 글자씩 연습하다

3. 得

구조조사 '得'는 동사나 형용사 뒤에 붙어 정도보어나 상태보어, 가능보어를 이끄는 기능을 한다.

❶ 정도보어를 이끄는 '得'

'형용사+得+보어' 형식으로 쓰이며, 정도보어는 형용사의 정도를 나타낸다.

高兴得很 gāoxìng de hěn 매우 기쁘다

高兴得要命 gāoxìng de yàomìng 무지하게 기쁘다

高兴得不得了 gāoxìng de bù de liǎo 너무너무 기쁘다

❷ 상태보어를 이끄는 '得'

● 동사/형용사+得+보어

유형1
写得很快 xiě de hěn kuài　아주 빨리 쓰다.
说得慢 shuō de màn　늦게 말하다.

유형2
高兴得他跳了起来。 그는 펄쩍 뛸 정도로 기분이 좋았다.
Gāoxìng de tā tiàole qǐlái.

유형3
搞得乱七八糟 gǎo de luànqī bāzāo　엉망으로 해놓다

● 동사+목적어+동사+得+보어

목적어가 있는 경우 동사를 목적어의 앞 뒤에 중복해서 쓴다.

他说汉语说得很好。　그는 중국어를 아주 잘해요.
Tā shuō Hànyǔ shuō de hěn hǎo.

你吃饭吃得太快。　Nǐ chī fàn chī de tài kuài.　넌 밥을 너무 빨리 먹어.

❸ 가능보어를 이끄는 '得'

동사와 보어 사이에 '得'를 넣으면 가능을 나타내고, '不'를 넣으면 불가능을 나타낼 수 있다. 이때 사용되는 동사는 반드시 단음절 동사여야 한다.

听得懂 tīng de dǒng　알아들을 수 있다

听不懂 tīng bu dǒng　못 알아듣다

买得起 mǎi de qǐ （돈이 있어서） 살 수 있다

买不起 mǎi bu qǐ （돈이 모자라서） 살 수 없다

买得到 mǎi de dào （물건이 있어서） 살 수 있다

买不到 mǎi bu dào （물건을 못 구해서） 살 수 없다

1. 地
2. 很
3. 得
4. 高兴地
5. 历史地
6. 懂
7. 起
8. 到
9. 엉망으로 해놓다.
10. 그는 끊임없이 눈물을 흘린다.

■ 다음 괄호 안에 들어갈 가장 적당한 단어를 고르세요.

| 得　很　地 |

1. 他很高兴(　　)走了。

2. 高兴得(　　)

3. 写(　　)很快

■ 다음 다음 단어를 구조조사를 이용해 부사어로 바꾸세요.

4. 신난다 : 高兴 → 신나게 :

5. 역사 : 历史 → 역사적으로 :

■ 괄호 안에 들어갈 가장 적합한 보어를 고르세요.

| 起　到　懂 |

6. 听得(　　) : 알아 들을 수 있다.

7. 买不(　　) : 돈이 부족해서 못 사다.

8. 买不(　　) : 물건을 못 구해서 못 사다.

■ 다음 문장을 해석하세요.

9. 搞得乱七八糟。

10. 他不停地流眼泪。

조사 활용~ 회화 쑥쑥!!

한때 신종플루(甲型流感)가 한창 극성이었다. 구조조사 '得'를 활용해 이와 관련된 표현을 나타내보자. '得'는 여러 품사로 쓰이며, 품사마다 그 발음도 달라진다.

❶ **동사** : dé 얻다, děi 시간이 걸리다.
❷ **조동사** : děi ~해야 한다.
❸ **구조조사** : de 정도보어와 가능보어를 이끈다.

A: 妈妈，我浑身没劲儿，发烧，而且咳嗽得很厉害。我会不会得了甲型流感啊?
　　Māma, wǒ húnshēn méi jìnr, fāshāo, érqiě késou de hěn lìhai. Wǒ huì bu huì déle jiǎxíngliúgǎn a?
　　엄마, 온몸에 힘이 없고, 열나고 기침도 심해. 나 신종풀루 걸린 건 아니겠지?

B: 不会的，但是我看你一定得去医院检查检查。 아닐 거야, 하지만 병원에 가서 검사는 해봐야겠구나.
　　Bú huì de, dànshì wǒ kàn nǐ yídìng děi qù yīyuàn jiǎnchá jiǎnchá.

A: 要多长时间能拿到结果呢? 얼마나 있어야 결과를 받아볼 수 있을까?
　　Yào duōcháng shíjiān néng nádào jiéguǒ ne?

B: 怎么也得两三天吧。Zěnme yě děi liǎng sān tiān ba. 아무래도 이삼 일은 걸리겠지.

어기조사

'어기사'라고도 불리우며, 주로 문장의 끝에 위치해 말하는 이의 감정이나 어감을 표현한다. 따라서 적절한 어기 조사를 사용할수록 회화가 빛을 발할 수 있다.

1. 吗

문장 끝에 '吗'를 사용하여, 의문대명사 없이 의문문을 만들 수 있다.

你是韩国人吗？　Nǐ shì Hánguórén ma? 당신은 한국인 입니까?

你去中国吗？　Nǐ qù Zhōngguó ma? 너 중국에 가니?

2. 嘛

뚜렷한 사실을 강조할 때 주로 쓰이며, 권유 등을 나타낼 수도 있다.

可不是嘛。Kě bú shì ma. 그러게 말이야.

别这样，我们是一家人嘛。 이러지 마. 우린 한 식구잖아.
Bié zhèyàng, wǒmen shì yì jiā rén ma.

3. 呢

❶ 의문을 나타냄

의문대명사를 이용해 만든 의문문에서 만약 어기조사 '呢'를 사용하게 되면, 의문의 어감을 부드럽게 해주거나, '이상함, 당혹스러움'의 의미를 나타낼 수 있다.

刚才他说的话是什么意思呢？　방금 그가 한 말 무슨 뜻이지?
Gāngcái tā shuō de huà shì shénme yìsi ne?

의문대명사를 사용하지 않고, '呢'를 사용하여 의문문을 사용하는 경우도 있는데, 이 경우 '呢'는 '～는요?'로 해석할 수 있다.

你妹妹呢？　Nǐ mèimei ne? 당신 여동생은요?

또한 '呢'는 선택의문문이나 정반형 의문문에도 쓰일 수 있다.

我要去市场，你去不去呢？　나 시장 갈건 데. 너 갈래?
Wǒ yào qù shìchǎng, nǐ qù bu qù ne?

你要吃中国菜还是日本菜呢？　중국음식 먹을래 일본음식 먹을래?
Nǐ yào chī Zhōngguócài háishi Rìběncài ne?

❷ 진술문에 쓰임

● 확인, 단정 : 말하는 이의 어떤 사실에 대한 확인이나 단정을 나타낸다.

不用买新衣服，我有很多呢。　새 옷 안 사도 돼. 난 아주 많이 있는 걸.
Bú yòng mǎi xīn yīfu, wǒ yǒu hěn duō ne.

● 과장 : 주로 '可'와 호응하여 과장을 나타낸다.

他可高兴呢。 Tā kě gāoxìng ne. 그는 매우 신났다.

● 还没~呢 : 아직 ~하지 않았다.

那家商店还没关门呢。 그 상점 아직 문 안 닫았다니까.
Nà jiā shāngdiàn hái méi guān mén ne.

● 진행 : 주로 '正在~呢~ 마침 ~하고 있다' 형식으로 진행을 나타낸다.

我正在看报纸呢。 Wǒ zhèngzài kàn bàozhǐ ne. 난 마침 신문 보고 있었어.

● 어떤 점을 언급 : 어떤 사람이나, 일 등을 언급할 때 쓰인다.

我有一个哥哥，一个妹妹。我哥哥呢，长得很帅。我妹妹呢，长得
很像我，不太漂亮。
Wǒ yǒu yí ge gēge , yí ge mèimei. Wǒ gēge ne, zhǎng de hěn shuài.
Wǒ mèimei ne, zhǎng de hěn xiàng wǒ, bú tài piàoliang.
난 오빠 하나, 여동생 하나가 있는데, 오빠는 멋지게 생겼고, 여동생은 날 닮아서 별로 안 예뻐.

4. 啊，呀，哇，哪

그야말로 각종 어감을 풍부하게 해주는 어기조사로, 앞 음절 마지막 음이 'i, ü '이
면 '呀', 'u'이면 '哇', 'n'이면 '哪'로 쓸 수도 있다.

❶ 진술문에서 긍정이나 찬성의 어감을 나타냄

健康最重要啊。 Jiànkāng zuì zhòngyào a. 건강이 제일 중요해요.
是啊，他是中国人。 Shì a, tā shì Zhōngguórén. 그래, 그는 중국인이야.

❷ 명령문에서 부탁, 명령, 경고 등을 나타냄

走啊，怎么还不走呢? Zǒu a, zěnme hái bù zǒu ne? 가, 왜 아직 안 가?

❸ 감탄문에 쓰임

多美丽啊! Duō měilì a! 얼마나 아름답니!

❹ 의문문, 반어문에 쓰임

你不吃啊? Nǐ bù chī a? 안 먹니?
他是谁啊? Tā shì shéi a? 저 사람 누구니?

❺ 열거할 때 쓰임

他的外貌啊，性格啊，学历啊，都很好，不知道为什么还没有女朋友。
Tā de wàimào a, xìnggé a, xuélì a, dōu hěn hǎo, bù zhīdào wèishénme hái
méi yǒu nǚpéngyou.
그는 외모, 성격, 학력 모두 좋은데, 왜 아직 여자친구가 없는지 모르겠어.

5. 吧

❶ 명령문의 어감을 부드럽게 해, 권유를 나타낸다.

快走吧。 Kuài zǒu ba. 빨리 갑시다.

多吃点吧。 Duō chī diǎn ba. 많이 좀 드세요.

❷ 추측의 의미를 나타낼 수 있다.

是你吧? Shì nǐ ba? 너지?

怎嘛样? 好吃吧? Zěnmeyàng? Hǎochī ba? 어때? 맛있지?

❸ '好, 行, 可以' 뒤에 쓰여 동의를 나타낼 수 있다.

好吧，就这样吧。 Hǎo ba, jiù zhèyàng ba. 그래. 그렇게 하자.

6. 呗

'~하지 뭐' 정도로 해석하면 적당한 어기조사로, '당연함'을 나타내거나 '그래도 무방하다'는 어감을 나타낸다.

不够钱就不买呗。 Búgòu qián jiù bù mǎi bei. 돈이 부족하면 안 사면 되지 뭐.

好啦，好啦，我去就得了呗。 알았어요, 알았어, 가면 되잖아요.
Hǎo la, hǎo la, wǒ qù jiù dé le bei.

7. 啦

'啦'는 '了'와 '啊'가 합쳐진 것으로, 부드러운 의문이나 명령, 새로운 발생, 감탄 등을 나타낼 수 있다.

别走啦。 Bié zǒu la. 가지마.

怎么啦? 发生了什么事? Zěnme la? Fāshēngle shénme shì? 왜 그래? 무슨 일이야?

妈妈，我回来啦。 Māma, wǒ huí lái la. 엄마. 다녀왔습니다.

8. 罢了 = 而已 ~일 뿐

不用谢我了，我只不过做我应当做的事罢了。
Bú yòng xiè wǒ le, wǒ zhǐ búguò zuò wǒ yīngdāng zuò de shì bà le.
내게 고마워할 필요 없어. 난 내가 해야 할 일을 했을 뿐이야.

这只是几个例子而已，更严重的情况还很多着呢。
Zhè zhǐ shì jǐ ge lìzi éryǐ, gèng yánzhòng de qíngkuàng hái hěn duōzhe ne.
이건 몇 개의 예일 뿐. 더 심각한 상황이 더 많이 있는걸요.

> ✿ 주로 '(只)不过/只是/无非~罢了/而已' 형식으로 쓰인다.

9. 的

'的'는 구조조사와 어기조사로 나눌 수 있다. 어기조사로 쓰일 경우 문장 끝에 쓰여, 말하는 이의 판단을 강조하고, 긍정을 나타낸다.

他会来的。 Tā huì lái de. 그는 올 거야.

明天不会下雨的。 Míngtiān bú huì xià yǔ de. 내일 비가 안 올 거야.

10. 了

'了'는 크게 어기조사와 동태조사로 나뉘는데, 동사 바로 뒤에 와서 동작이 완료되었음을 나타내는 동태조사를 '了₁'이라 하고, 어기조사는 '了₂'라고 칭한다. 어기조사 '了₂'는 문장 끝에 쓰여 문장을 끝맺는 역할을 하며, 동작이나 상황에 변화가 생겼음을 나타내기도 한다.

❶ '변화'를 나타내는 '了₂'

● 동사~了₂

동작의 변화를 나타내며, '변화'의 종류는 '미완료→완료', '미발생→발생', '진행→정지' 등 매우 다양하게 나타날 수 있다.

> 유형1 终于完成了。 Zhōngyú wánchéng le. 마침내 완성했다.

> 유형2 下雪了。 Xià xuě le. 눈이 온다.

> 유형3 火车停了。 Huǒchē tíng le. 기차가 멈추었다.

● 형용사~了₂

형용사나 비동작동사 뒤에 '了₂'가 오면 성질이나 상태의 변화를 나타낼 수 있다.

他比以前瘦了。 Tā bǐ yǐqián shòu le. 그는 이전보다 말랐다.

他的学习成绩提高了。 그의 학습 성적이 향상되었다.
Tā de xuéxí chéngjì tígāo le.

● 명사~了₂

어떤 새로운 상황이 일어났음을 나타낸다.

中秋节了。 Zhōngqiūjié le. 추석이다.

大学生了。 Dàxuéshēng le. 대학생이 되었다.

快周末了。 Kuài zhōumò le. 곧 주말이다.

● 不~了₂

어기조사 '了'는 부정부사 '不'와 호응하여 원래의 의지나 계획, 상황이 바뀌어 변화가 생겼음을 나타낼 수 있다.

我不吃了。 Wǒ bù chī le. 나 안 먹을래.

雨下得太大，我不去了。 비가 너무 많이 온다. 나 안 갈래.
Yǔ xià de tài dà, wǒ bú qù le.

他帮他的父母工作，不上学了。 그는 부모님을 도와 일을 하고, 학교는 이제 안 다녀요.
Tā bāng tā de fùmǔ gōngzuò, bú shàngxué le.

● 시간+没+동사~了₂

'没'를 썼는데도 불구하고 '了'가 출현하는 경우가 있다. 이런 경우 함께 출현한 '了'는 동태조사 '了₁'이 아니고 문장 끝에 오는 어기조사 '了₂'이다. 주로 '没' 앞에 시간이 와서, 그 시간 동안 어떤 동작이 이루어지지 않았음을 강조한다.

我好几天没见到男朋友了。 난 며칠 동안이나 남자친구를 못 만났어.
Wǒ hǎo jǐ tiān méi jiàndào nánpéngyou le.

❷ 변화를 나타내지 않는 '了₂'

● '단정'의 어감을 나타냄

형용사 뒤의 '了₂'가 일부 부사'太, 最, 可' 등과 호응하여 쓰이는 경우는 상황에 대한 '단정'을 나타낸다.

太好了。 Tài hǎo le. 너무 좋다.(너무 잘됐다)
这样做最好了。 Zhèyàng zuò zuì hǎo le. 이렇게 하는 게 가장 좋다.
这件衣服可好看了。 Zhè jiàn yīfu kě hǎokàn le. 이 옷은 정말 예쁘디.

● '명령, 저지, 재촉, 설득' 등의 어감을 나타냄

别走了。 Bié zǒu le. 가지마.
好了，好了，别哭了。 Hǎo le, hǎo le, bié kū le. 알았어. 울지마.

✿ 예문의 어기조사 '了₂'는 계속 만나던 친구를 얼마간 못 만났다는 일종의 변화를 나타낸다.

정답

1. bei
2. la
3. bà le
4. 吧
5. 啊
6. 呢
7. 이러지 마, 우린 한 식구잖아
8. 그는 이전보다 말랐다.
9. 내게 고마워할 필요 없어, 난 내가 해야 할 일을 했을 뿐이야.
10. 그는 올 거야.

■ 다음 어기조사의 병음을 쓰세요.

1. 呗

2. 啦

3. 罢了

■ 다음 괄호 안에 공통으로 들어가야할 가장 적당한 어기조사를 쓰세요.

4. 多吃点(   )。怎么样?

  好吃(   )?

5. 他的外貌(   ),性格(   ),
  学历(   ),都很好。

6. 我正在看报纸(   )。
  你妹妹(   )?

■ 다음 문장을 해석하세요.

7. 别这样，我们是一家人嘛。

8. 他比以前瘦了。

9. 不用谢我了，我只不过做我应当做的事罢了。

10. 他会来的。

조사 활용~ 성어 톡톡!!

'了 le'는 어기조사, 동태조사로 쓰이지만, '了 liǎo'는 '마치다, 끝내다'라는 동사이다. '了'를 활용한 성어를 배워보자.

没完没了 méi wán méi liǎo 끝이 없다. 한도 끝도 없다.

A: 这个孩子太倔强。不顺意就哭得没完没了。
   Zhège háizi tài juéjiàng. Bú shùnyì jiù kū de méi wán méi liǎo.
   얘는 너무 고집이 세. 뜻대로 안되면 한도 끝도 없이 울어댄다니까.

B: 你呀，应该好好儿教育他。不要把孩子宠坏了。
   Nǐ ya, yīnggāi hǎohāor jiàoyù tā. Búyào bǎ háizi chǒnghuài le.
   너, 교육 잘 시켜야 해. 얘 응석받이로 만들지 말구.

중국어는 한국어와 달리 시제를 나타내는 어미, 조사 등이 없다. 그렇다면 과거, 현재, 미래에 대한 시제는 어떻게 알 수 있을까?

> **유형1**
> 当时他很年轻。　당시에 그는 아주 젊었어.
> Dāngshí tā hěn niánqīng.

> **유형2**
> 昨天我吃了很多面包，今天不吃面包了。
> Zuótiān wǒ chīle hěn duō miànbāo, jīntiān bù chī miànbāo le.
> 어제 빵을 아주 많이 먹었어. 오늘은 빵 안 먹을래.

위 예문처럼 중국어의 시제는 각각 '当时, 昨天, 今天'과 같은 시간사를 통해 알 수 있다. 만약 **유형1** 문장 끝에 '了'를 쓴다면 '형용사+了₂' 형식으로 '당시에 그는 젊어졌다'는 말이 되므로 틀린 문장이 되어버린다. **유형2**의 앞 절에 쓰인 '了'는 동태조사 '了₁'으로 완료를 나타내며, 뒷 절의 '了'는 부정부사 '不' 뒤에 쓰인 어기조사 '了₂'이다.

이처럼 중국어의 동태조사는 동작의 상황을 말하는 것으로, '경험, 진행, 지속, 완료' 등을 나타낸다. 중국어의 대표적인 동태조사로는 '了, 着, 过'가 있다.

> ✿ '了'가 과거를 나타내는 시제 조사로 착각하는 학생들이 있는데 절대 그렇지 않다.

1. 了₁

완료를 나타내는 동태조사

来了一位客人。Láile yí wèi kèrén. 손님 한 분이 오셨다.

昨天我们去参观了学校的博物馆。　어제 나는 학교의 박물관에 참관 갔다.
Zuótiān wǒmen qù cānguānle xuéxiào de bówùguǎn.

앞의 동작동사가 먼저 일어난 후에 비로소 뒤의 동작이 일어나는, 동작의 '선후관계'를 나타낼 경우, 첫번째 동사 뒤에 동태조사 '了'를 쓴다.

他吃了饭就走了。Tā chīle fàn jiù zǒu le. 그는 밥 먹고, 곧 가버렸다.

听了你的话，我才放心。　네 말을 들으니, 내가 안심이 된다.
Tīngle nǐ de huà, wǒ cái fàngxīn.

我们等爸爸回家了，再吃饭吧。　우리 아빠 돌아오시고 나면, 밥 먹자.
Wǒmen děng bàba huíjiā le, zài chīfàn ba.

> ✿ 동태조사 '了'는 완료를 나타내므로 과거에 많이 쓰이지만, 마지막 예문처럼 미래완료에도 쓰일 수 있다는 점을 주의하자.

❶ '了₁'과 목적어

● **목적어는 반드시 '구체적'인 명사구**

동태조사 '了₁'의 목적어는 수식어가 있거나, 인칭 대명사, 고유명사여야 하며, 그 외의 명사는 단독으로 목적어가 될 수 없다.

你买了几斤？　Nǐ mǎile jǐ jīn? 너 몇 근을 샀니?

我写了一封信。　Wǒ xiěle yì fēng xìn. 난 편지 한 통을 썼다.

我学了两年的汉语。　Wǒ xuéle liǎng nián de Hànyǔ. 난 2년간 중국어를 배웠다.

他出差去了上海。 Tā chūchāi qùle Shànghǎi. 그는 상하이로 출장을 갔다.

● 목적어가 '비한정적' 인 경우
일반적으로 동태조사 '了₁'가 쓰인 문장에는 구체적인 명사구가 목적어로 오지만, 아래와 같은 경우 수식어가 없는 단순한 형태의 일반명사가 목적어로 올 수 있다.

동사+보어+了+목적어

我吃完了晚饭。 Wǒ chīwánle wǎn fàn. 난 저녁 다 먹었어.
他抓到了小偷。 Tā zhuādàole xiǎotōu. 그는 도둑을 잡았다.

구체적 시간+동사+了+목적어

昨天我去了图书馆。 Zuótiān wǒ qùle túshūguǎn. 어제 난 도서관에 갔다.

복잡한 형태의 부사어+동사+了+목적어

我去了市场。 Wǒ qùle shìchǎng. (×)
我跟他一起去了市场。 나는 그와 함께 시장에 갔다. (○)
Wǒ gēn tā yìqǐ qùle shìchǎng.

문장 끝에 어기조사가 있을 경우

他吃了饭了。 Tā chīle fàn le. 그는 밥을 먹었다.
你已经买了书吧? Nǐ yǐjing mǎile shū ba? 너 이미 책 샀지?

두 개 이상 긴밀하게 연결된 동사구 혹은 절이거나, 나열된 문장의 경우

我打算吃了饭就去市场。 난 저녁 먹고 시장에 갈 계획이야.
Wǒ dǎsuan chīle fàn jiù qù shìchǎng.

他喝了茶，吃了馒头，穿了大衣，就出门了。
Tā hēle chá, chīle mántou, chuānle dàyī, jiù chūmén le.
그는 차를 마시고, 만두를 먹고, 외투를 입고, 외출했다.

❷ '了₁'과 시량보어

● 동사+了₁+시량보어
여기에서의 시량보어는 동작이 발생한 후 완료까지 '얼마 동안' 걸렸는지의 시간을 나타내며, 이는 이미 완료된 것으로 현재까지 지속되는 것은 아니다.

我把这本书看了三天。 난 이 책을 3일 보았다.(지금은 안 봄)
Wǒ bǎ zhè běn shū kànle sān tiān.

我在北京住了十年。 난 북경에서 10년 살았다.(지금은 안 삼)
Wǒ zài Běijīng zhùle shí nián.

● 동사+了₁+시량보어+了₂
동작이 발생하고 현재까지 지속되는 시간을 나타내며, 동작은 현재까지 지속

되는 것으로, 앞으로도 계속 진행될 가능성이 있다.

我把这本书看了三天了。 난 이 책을 3일째 보고 있다.
Wǒ bǎ zhè běn shū kànle sān tiān le.

我在北京住了十年了。 난 북경에서 산지 10년이 되었다.
Wǒ zài Běijīng zhùle shí nián le.

❸ '了₁'의 부정형
동태조사 '了₁'의 부정은 동사 앞에 '没'를 쓰고, '了₁'을 생략하면 된다.

我没买那本书。 Wǒ méi mǎi nà běn shū. 나는 그 책을 안 샀다.

❹ '了₁'의 의문형
문장 끝에 '吗' 혹은 '没(有)'를 붙이고 '了₁'은 그대로 두면 된다.

你买了那本书吗? Nǐ mǎole nà běn shū ma? 너 그 책 샀니?

你买了那本书没有? Nǐ mǎole nà běn shū méi yǒu? 너 그 책 샀어 안 샀어?

❀ '了₁'을 사용할 수 없는 경우:
'반복, 습관, 지속' 등을 나타내는 '常常, 经常, 总是, 每天, 天天, 一直' 등의 부사가 쓰일 경우에는 '了'를 쓸 수 없다.

他以前常常来了我家。(✗)
他以前常常来我家。
Tā yǐqián chángcháng lái wǒ jiā. (○)
그는 예전에 우리 집에 자주 왔었어.(○)

연습 문제

■ 다음 문장이 맞으면 O, 틀리면 X 하세요.

1. 他以前常常来了我家。(　　)

2. 我去了市场。(　　)

3. 我跟他一起去了市场。(　　)

4. 你买了几斤牛肉? (　　)

5. 当时他很年轻了。(　　)

■ 다음 두 문장이 동일한 의미가 되기 위해 괄호 안에 들어가야 할 단어는?

6. 你买了那本书吗?
　= 你买了那本书(　　)?

■ 다음 문장을 해석하세요.

7. 我把这本书看了三天了。

8. 我把这本书看了三天。

9. 他吃了饭就走了。

10. 我打算吃了饭就去市场。

정답

1. ✗
※'常常'과 같이 반복을 나타내는 부사가 있을 경우 '了'를 쓸 수 없다.

2. ✗
※동태조사 '了₁'이 쓰인 문장의 목적어는 수식어가 있는 명사구이거나, 인칭명사 혹은 고유명사이어야 한다.

3. ○

4. ○

5. ✗
※형용사 뒤의 '了'는 변화를 나타내는 의미가 되므로, '젊어졌다'의 의미가 된다.

6. 没有

7. 난 이 책을 3일째 보고 있다.

8. 난 이 책을 3일간 보았다.(지금은 안 봄)

9. 그는 밥 먹고, 곧 가버렸다.

10. 난 저녁 먹고 시장에 갈 계획이야.

2. 着

❶ 지속과 진행을 나타냄

'着'는 동사나 일부 형용사 바로 뒤에 쓰여, 주로 동작의 '진행'이나 상태의 '지속'을 나타낸다.

● 진행

'着'가 진행을 나타내는 경우 주로 앞에 '正/正在/在' 등의 부사어가 오고 문장 끝에 '呢'가 온다.

他写着信呢。 Tā xiězhe xìn ne. 그는 편지를 쓰고 있어.

我正看着电视呢。 Wǒ zhèng kànzhe diànshì ne. 난 TV 보고 있어.

● 지속

어떤 동작이 끝난 후 그 결과로 얻어진 상태가 지속됨을 나타내는 것으로, 문장 끝에 '呢'가 올 수 있지만, 앞에 '正/正在/在' 등의 부사어는 절대 올 수 없다.

她穿着一件黄色的衣服。 그녀는 노란 색 옷을 입고 있다.
Tā chuānzhe yí jiàn huángsè de yīfu.

门开着呢。 Mén kāizhe ne. 문 열려있어요.

'지속'과 '진행'의 비교

❶ 진행 : 他在穿(着)衣服呢。 Tā zài chuān(zhe) yīfu ne. 그는 옷을 입고 있다.
❷ 지속 : 他穿着衣服。 Tā chuānzhe yīfu ne. 그는 옷을 입고 있다.

위의 예문은 한국어로는 해석이 동일하지만, 사실상 의미는 다르다. ❶은 진행을 나타내는 '在'가 쓰여 옷을 입는 동작을 현재 진행 중이며 아직 동작이 완료되지 않았다. 하지만 ❷는 지속을 나타내는 동태조사 '着'가 쓰여 옷을 입은 동작이 완료된 후의 옷 입은 상태를 유지하고 있음을 나타낸다.

❷ 동사1+着+동사2

첫 번째 동사의 상태를 유지하면서, 동시에 두 번째 동사를 진행한다는 의미이다. 즉, 두 가지 동작이 동시에 진행됨을 나타낸다.

站着看书 zhànzhe kàn shū 서서 책을 보다
走着去吧 zǒuzhe qù ba 걸어서 갑시다
躺着睡觉 tǎngzhe shuìjiào 누워서 자다

❸ A着A着+B

'A라는 동작을 하다가 (자신도 모르게) B동작을 하게 된다'는 의미이다.

사실, 진행의 의미는 '着'보다 '正/正在/在' 등이 더 강하기 때문에, '正/正在/在'가 있을 경우 '着'를 생략해도 무방하다.

옆의 예문은 '입는다'는 동작을 끝마친 후 그 결과로 '옷을 입은 상태', '문이 열린 상태'를 지속, 유지하고 있다는 의미이다.

想着想着笑了起来 Xiǎngzhe xiǎngzhe xiàole qǐlái. 생각하다가 웃기 시작했다.

哭着哭着睡着了 Kūzhe kūzhe shuìzháo le. 울다가 잠이 들었다.

❹ '着'와 명령형

동사 뒤에 '着(点儿)'가 와서 명령이나 상대에게 어떤 사실을 일깨워주는 의미가 될 수 있다.

快着点儿! Kuàizhe diǎnr! 좀 빨리 해!

慢着点儿! Mànzhe diǎnr! 좀 천천히 해!

别站着，快坐下。 Bié zhànzhe, kuài zuòxià. 서 있지 말고, 빨리 앉아.

❺ '着'의 부정형

'着'의 부정은 '没'를 쓰는데, 진행의 의미를 담은 '着'는 부정형에서 보통 사라지고, 지속의 의미를 나타내는 '着'는 부정형에서 '没~着'형태로 남는다.

진행 我正看着电视呢。 Wǒ zhèng kànzhe diànshì ne. 난 TV 보고 있었어.

부정형 我没看电视。 Wǒ méi kàn diànshì. 난 TV 안 봤어.

지속 门开着呢。 Mén kāizhe ne. 문이 열려있다.

부정형 门没开着。 Mén méi kāizhe. 문이 열려있지 않다.

❻ '着'의 의문형

'着'가 쓰인 문장의 의문문은 가장 일반적인 방법으로 문장 끝에 '吗'를 쓰거나, 문장 끝에 '没有'를 쓴다.

门开着吗? Mén kāizhe ma? 문이 열려있나요?

= 门开着没有? Mén kāizhe méi yǒu?

3. 过

❶ 경험

동태조사 '过'는 주로 경험을 나타내어 '~한 적이 있다'의 의미가 되며, 경성으로 읽는다. 주로 앞에 부사 '曾经(일찍이, 이전에)'이 종종 출현한다.

我看过这部电影。 Wǒ kànguo zhè bù diànyǐng. 난 이 영화 본 적 있어.

我曾经看过这本书。 난 전에 이 책을 본 적 있어.

Wǒ céngjīng kànguo zhè běn shū.

❷ 완료

동태조사 '过'는 주로 경험을 나타내지만, 동사 뒤에 쓰여 동작이 끝나 완료되었음을 나타낼 수 있다.

이처럼 완료, 종결의 의미를 나타낼 때는 문장 끝에 어기조사 '了'가 올 수도 있다.

吃过饭再工作。 Chīguo fàn zài gōngzuò. 식사하고서 일합시다.

那本书我看过了，不想再看了。그 책 봐서, 다시 보고 싶지 않아.
Nà běn shū wǒkànguo le, bù xiǎng zài kàn le.

❸ '过'의 부정형

● 완료를 나타내는 '过'의 부정
'没'로 부정을 나타내며, '过'는 사라진다.
A: 早饭，吃过了吗？ Zǎofàn, chīguo le ma? 아침 먹었니?
B: 还没吃呢。 Hái méi chī ne. 아직 안 먹었어.

● 경험을 나타내는 '过'의 부정
'동사+过(~한 적이 있다)'의 부정형은 '没+동사+过(~한 적이 없다)'가 된다.
我没学过日语。 Wǒ méi xuéguo Rìyǔ. 난 일어를 배운 적 없다.
我一次也没去过法国。 난 한 번도 프랑스에 가본 적 없다.
Wǒ yí cì yě méi qùguo Fǎguó.

❹ '过'의 의문형
'过'가 쓰인 문장의 의문형은 문장 끝에 '吗'를 쓰거나, '没有'를 쓴다.
你去过北京吗？ Nǐ qùguo Běijīng ma? 너 베이징 가봤니?
= 你去过北京没有？ Nǐ qùguo Běijīng méi yǒu?

■ 다음 괄호 안에 들어갈 적당한 단어를 고르
세요.

> 呢　正　着　过

1. 你去(　　)北京吗?

2. 门开(　　)没有?

3. 我(　　)看着电视呢。

4. 他写着信(　　)。

■ 다음 문장을 어순에 맞게 배열하세요.

5. 一次 / 我 / 也 / 过 / 去 / 没

6. 着 / 去 / 吧 / 走

■ 다음 문장을 해석하세요.

7. 我曾经看过这本书。

8. 吃过饭再工作。

9. 躺着睡觉。

10. 别站着，快坐下。

HSK 실전 연습문제

■ 다음 병음에 알맞은 조사를 쓰세요.

1 bei

2 ne

3 zhe

4 guo

5 wa

■ 다음 괄호 안에 들어갈 가장 적합한 단어를 고르세요.

6 这个太大，有小点(　　)吗？
A 的　　　　　　　B 呢　　　　　　　C 了　　　　　　　D 得

7 我一次也没去(　　)法国。
A 呢　　　　　　　B 过　　　　　　　C 得　　　　　　　D 了

8 他很高兴(　　)走了。
A 的　　　　　　　B 着　　　　　　　C 过　　　　　　　D 地

9 好啦，好啦，我去就得了(　　)。
A 呢　　　　　　　B 啦　　　　　　　C 呗　　　　　　　D 啊

10 别站(　　)，快坐下。
A 了　　　　　　　B 吧　　　　　　　C 的　　　　　　　D 着

■ 다음 제시된 단어가 들어갈 위치를 고르세요.

11 可　　　　　　（ A ）这（ B ）件（ C ）衣服（ D ）好看了。

12 了　　　　　　昨天我吃了很多（ A ）面包（ B ），今天不吃（ C ）面包（ D ）。

13 过　　　　　　那本书我看（ A ）了（ B ），不想（ C ）再看（ D ）了。

14 得　　　　　　你吃（ A ）饭（ B ）吃（ C ）太快（ D ）。

15 过　　　　　　我（ A ）没（ B ）学（ C ）日语（ D ）。

■ 다음 밑줄 그은 단어 대신 쓸 수 있는 단어를 고르세요.

16 高兴得<u>很</u>。   A 不得了   B 太   C 非常   D 最
17 吃<u>过</u>饭再工作。   A 着   B 了   C 啦   D 的
18 你买了那本书<u>吗</u>？   A 吧   B 没有   C 呢   D 的
19 妈妈，我回来<u>啦</u>。   A 啊   B 呢   C 了   D 吧
20 我<u>正</u>看着电视呢。   A 在   B 当   C 可   D 还

■ 다음을 중국어로 작문하세요. (괄호 안에 주어진 단어가 있다면 그것을 이용하세요.)

21 서서 책을 보다.

22 (돈이 모자라서) 살 수 없다.

23 곧 주말이다.(快~了)

24 울다가 잠이 들었다.

25 얼마나 아름다운가!(감탄)

26 그는 끊임없이 눈물을 흘린다.

27 난 이 책을 3일째 보고 있다.(把)

28 책을 사고서, 도서관에 갑시다.(了, 再)

29 벽에 옷 한 벌이 걸려있다.

30 그는 이전보다 말랐다.

HSK 실전 연습문제
정답 및 해설

1	呗	16	A

1 呗

2 呢

3 着

4 过

5 哇

6 A

7 B

8 D
※형용사를 부사어로 바꾸어주는 구조조사 '地'

9 C

10 D

11 D
※'可~了(정말/매우~하다)'는 단정의 어감을 나타낸다.

12 D
※변화와 문장을 끝맺는 역할을 하는 어기조사 '了'

13 A

14 C

15 C

16 A
※'형용사+得+很'은 '형용사+得+不得了' 혹은 '형용사+得+要命' 등의 표현보다 어감은 약하지만 비슷한 의미이다.

17 B
※이 문장에서 '过'는 완료를 나타낸다.

18 B

19 C

20 A

21 站着看书。

22 买不起。

23 快周末了。

24 哭着哭着睡着了。

25 多美丽啊!

26 他不停地流眼泪。

27 我把这本书看了三天了。

28 买了书，再去图书馆吧。
※'동사1+了，再+동사2'는 첫 번째 동사를 하고 나서, 두 번째 동사를 한다는 의미를 갖는다.

29 墙上挂着一件衣服。

30 他比以前瘦了。

CHAPTER 9

보어

보어

중국어의 보어는 술어 뒤에 쓰여 동작의 결과나 상태를 보충·설명해주는 역할을 한다. 크게 정도보어, 상태보어, 결과보어, 방향보어, 가능보어, 동량보어, 시량보어 등으로 나눌 수 있다.

정도보어

✿ 정도보어와 상태보어를 구분하지 않고 하나의 정도보어로 묶어서 보는 견해도 있다. 이 책에서는 정도보어와 상태보어를 구분하여 설명한다.

정도보어는 형용사나 심리동사 뒤에 붙어 상황이나 상태의 정도가 어떠한지 보충 설명해준다. 즉 정도보어의 술어는 동작 동사가 아닌 형용사나 심리동사이다.

1. 술어+得+정도보어

이러한 형식에 쓰이는 정도보어는 모두 정도가 아주 심하다는 '대단히, 매우, 지독하게' 등의 의미를 지니게 된다.

累得很 lèi de hěn 매우 피곤하다
累得要命 lèi de yàomìng 못 견디게(죽을 만큼) 피곤하다
高兴得不得了 gāoxìng de bù de liǎo 너무 신난다

'술어+得+정도보어' 형식에서 정도보어로 쓰일 수 있는 단어는 제한적이며 대략 다음과 같다.

很 hěn	要命 yàomìng	要死 yàosǐ
不得了 bùdeliǎo	了不得 liǎobudé	慌 huāng
厉害 lìhai	不行 bù xíng	

2. 술어+정도보어

✿ 이런 형식의 정도보어에 쓰일 수 있는 단어는 '死, 坏, 极, 透' 등의 소수뿐이며, 모두 정도가 아주 심함을 나타낸다.

술어는 주로 형용사가 심리동사이며, 뒤에 구조조사 '得'가 없이 곧바로 '极, 透, 死, 坏'등이 정도보어로 온다. 문장 끝에 어기조사 '了₂'를 써야 한다.

累死了 lèisǐ le 피곤해 죽겠다
累坏了 lèihuài le 피곤해 못 견디겠다
好极了 hǎojí le 무진장 좋다
可笑透了 kěxiàotòu le 정말 우습다

상태보어란 술어인 동사 뒤에 쓰여 동작 행위나 상태의 모습, 정도 등을 구체적으로 묘사해주는 보어이며, '동사+得+상태보어'의 형식으로 쓰인다.

他走得很快。Tā zǒu de hěn kuài. 그는 매우 빨리 걷는다. → 그는 걷는 게 아주 빠르다.

상태보어의 종류를 나누어보자.

> ✿ 만약 상태보어문을 부정형으로 만들려면 술어가 아닌 보어 자체를 부정해야 한다.
>
> 他说得不快。
> Tā shuō de bú kuài.
> 그는 빠르지 않게 말한다.
> → 그는 말하는 게 빠르지 않다.
>
> 他不说得快。(✕)

1. 상태보어가 형용사(구)인 경우

묘사나 상황설명을 강조하는 상태보어일 경우 주로 앞에 부사를 써준다.

跑得很快 pǎo de hěn kuài 매우 빨리 달린다
把眼睛睁得大大的 bǎ yǎnjing zhēng de dàdà de 눈을 아주 크게 뜨다

상태보어로 쓰인 형용사가 부사 없이 단독으로 쓰일 경우 비교의 의미를 갖게 된다.

这个周末我过得开心。이번 주말에 난 즐겁게 보냈어.(지난주는 별로였는데)
Zhège zhōumò wǒ guò de kāixīn.

他汉语说得好，日语说得不好。그는 중국어는 잘하는데, 영어는 못해.
Tā Hànyǔ shuō de hǎo, Rìyǔ shuō de bù hǎo.

2. 상태보어가 동사구인 경우

他跑得直流汗。Tā pǎo de zhí liú hàn. 그는 뛰어서 계속 땀을 흘렸다.
他高兴得流出了眼泪。 그는 기뻐서 눈물을 흘렸다.
Tā gāoxìng de liúchūle yǎnlèi.

3. 상태보어가 문장인 경우

热得满头大汗 rè de mǎntóu dà hàn 더워서 머리가 온통 땀 범벅이다
吓得脸色都变了 xià de liǎnsè dōu biàn le 놀라서 얼굴색까지 변했다

4. 상태보어와 목적어

상태보어가 쓰인 문장에 목적어가 있다면, '동사+목적어+동사+得+상태보어' 형식이 된다.

他说日语说得很流利。그는 일어를 유창하게 말합니다.
Tā shuō Rìyǔ shuō de hěn liúlì.
他踢足球踢得很好。Tā tī zúqiú tī de hěn hǎo. 그는 축구를 잘 한다.

동사와 목적어의 의미가 긴밀하여 목적어만으로도 동사가 연상된다면, 앞의 동사를 생략할 수 있다.

他说日语说得很流利。= 他日语说得很流利。
他踢足球踢得很好。= 他足球踢得很好。

연습 문제

■ 다음 단어의 병음을 쓰세요.

1. 要命

2. 坏

3. 极

4. 透

■ 다음 문장을 해석하세요.

8. 好极了

9. 累死了

10. 热得满头大汗

■ 다음 단어들을 어순에 맞게 배열하여 문장을 만드세요.

5. 脸色 / 得 / 吓 / 都 / 变了

6. 他 / 得 / 日语 / 流利 / 说 / 说 / 很

7. 说 / 汉语 / 他 / 得 / 怎么样?

결과보어

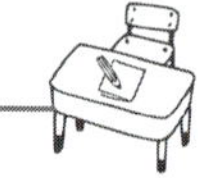

결과보어는 동작에 의한 결과를 나타낸다. 결과보어는 동사나 형용사가 담당하며, 뒤에 '了'나 '过'가 올 수 있다. 만약 목적어가 있다면 목적어는 '결과보어(+了/过)' 뒤에 온다.

吃完了饭 chīwánle fàn 밥을 다 먹었다
吃饱了 chībǎo le 배불리 먹었다

1. 자주 쓰이는 결과보어

❶ 成

변화하여 다른 무엇이 되었음을 나타내며, '~으로'로 해석된다. 동사와 결합하여 '改成, 翻译成, 换成, 变成' 등으로 많이 쓰인다.

翻译成汉语。 중국어로 번역하다.(번역이라는 행위를 통해 중국어로 바뀜)
Fānyìchéng Hànyǔ.

变成大城市了。 Biànchéng dàchéngshì le. 대도시로 변했다.

❷ 到

동작을 통해 목적을 달성했거나 어떤 지점에 도달함을 나타낸다.

跑到图书馆 도서관까지 달려가다.(달려가는 동작을 통해 도서관까지 도달함)
pǎodào túshūguǎn

要等到什么时候? 언제까지 기다려야 해?(기다리는 동작이 어느 시점까지 도달함을 나타냄)
Yào děngdào shénme shíhòu?

那件衣服买到了。 그 옷 샀다.(사서 소유하는 목적을 달성함)
Nà jiàn yīfu mǎidào le.

我看到了很大的狮子。 난 아주 큰 사자를 보았다.(보는 행위를 통해 시선이 사자에 도달함)
Wǒ kàndàole hěn dà de shīzi.

❸ 懂

'알다, 이해하다'의 뜻을 나타내며, 주로 '听懂, 看懂' 등으로 많이 쓰인다.

我都听懂了。 Wǒ dōu tīngdǒng le. 난 다 알아들었어.

❹ 给

사물을 받는 사람 쪽으로 이동시킨다는 의미로, '~에게, ~한테'의 의미가 된다.

请把那本书借给我。 Qǐng bǎ nà běn shū jiè gěi wǒ. 그 책을 저에게 빌려주세요.
交给我筷子, 好不好? Jiāo gěi wǒ kuàizi, hǎo bu hǎo? 젓가락 좀 건네줄래요?

❺ 好

동작을 완성하거나 목적을 달성함을 나타낸다. 다만 단순한 동작의 완성이라기보다 비교적 만족스럽게 '잘' 마쳤다는 의미가 강조된다.

我把作业做好了。 Wǒ bǎ zuòyè zuòhǎo le. 난 숙제를 다 했다.
要学好外语, 应该多听多说。 외국어를 마스터 하려면, 많이 듣고 많이 말해야 해.
Yào xuéhǎo wàiyǔ, yīnggāi duō tīng duō shuō.

❻ 会

'할 수 있다'는 뜻으로 배워서 습득함을 나타낸다.

他终于学会游泳了。 그는 마침내 수영을 (배워서) 할 줄 알게 되었다.
Tā zhōngyú xuéhuì yóuyǒng le.

❼ 见

시각, 청각, 후각 등의 신체감각을 통해 어떤 결과를 얻음을 나타낸다. 주로 청각이나 시각을 나타내는 동사와 결합하여 '听见, 看见, 遇见, 碰见, 闻

见' 등으로 많이 쓰인다.

看见他买了很多东西回来，我非常高兴。
Kànjiàn tā mǎile hěn duō dōngxi huílái, wǒ feīcháng gāoxìng.
그가 많은 물건을 사 온 걸 보고, 난 무척 신났다.

我在公共汽车里遇见了高中同班同学。
Wǒ zài gōnggòng qìchē li yùjiànle gāozhōng tóngbān tóngxué.
난 버스 안에서 고등학교 때 같은 반 동창을 만났어.

❽ 开

어떤 동작을 통해 원래의 위치에서 분리됨을 나타낸다.

求求你，放开我。 Qiúqiú nǐ, fàngkāi wǒ. 제발 절 놓아주세요.
请不要离开我。 Qǐng bú yào líkāi wǒ. 날 떠나지 마세요.
走开！走开！ Zǒukāi! Zǒukāi! 비키세요! 비켜!

❾ 清楚

'분명하다, 또렷하다'로 해석된다.

听清楚 tīng qīngchu 분명히 듣다.
没看清楚 méi kàn qīngchu 제대로(또렷이) 못 봤어요

❿ 完

동작이 완료됨을 나타낸다.

吃完了，我们走吧。 Chīwán le, wǒmen zǒu ba. 다 먹었다. 우리 가자.
报告写完了没有？ Bàogào xiěwánle méi yǒu? 보고서 다 썼니?

⓫ 在

동작을 통해 어떤 장소나 시간에 처하게 됨을 나타낸다.

坐在靠窗户的座位。 Zuò zài kào chuānghu de zuòwèi. 창가 쪽에 앉다.
不要站在我的前面。 Bú yào zhàn zài wǒ de qiánmiàn. 내 앞에 서있지 마.
他住在我家对面。 Tā zhù zài wǒ jiā duìmiàn. 그는 우리 집 맞은 편에 살아.
发生在1999年。 Fāshēng zài yī jiǔ jiǔ jiǔ nián. 1999년에 발생하다.

⓬ 着 zháo

목적의 달성을 나타내며, 주로 '找着, 睡着, 猜着' 등으로 쓰인다.

终于找着了我的钱包。 마침내 내 지갑을 찾았다.
Zhōngyú zhǎozháole wǒ de qiánbāo.

他早就睡着了。 Tā zǎojiù shuìzháo le. 그는 벌써 잠들었어.

⓭ 住

동작을 통해 확실히 어떤 사물의 위치가 고정됨을 나타내며, 주로 '握住, 抓住, 接住, 记住, 站住' 등으로 쓰인다.

❀ '看见了'와 '看到了'는 비슷한 의미인데, 아주 약간의 차이가 있다. 결과보어 '见'은 피동의 의미가 비교적 강해서, '看见了'는 '보았다'보다 '보였다'의 의미가 강하고, '看到了'는 '보았다'의 의미가 강하다.

❀ 在   p116 참조

我记住你的名字了。
Wǒ jìzhù nǐ de míngzi le.
난 네 이름을 기억한다.(기억하는 행위를 통해 그 결과 이름이 머리 속에 고정됨)

握住我的手！Wòzhù wǒ de shǒu! 내 손을 꽉 잡아!

2. 결과보어 문장 특징

❶ 결과보어의 위치

'동사+결과보어' 사이에는 어떠한 성분도 들어올 수 없으며, 만약 '了, 过'를 써야 한다면, '동사+결과보어'의 뒤로 온다. 또한 목적어가 있다면 역시 그 뒤에 써야한다.

看见了一个人 kànjiànle yí ge rén 한 사람을 보았다
买到了那本书 mǎidàole nà běn shū 그 책을 샀다

❷ 부정형

부정형은 동사 앞에 '没'를 쓴다.

你写字写得太小，我没看清楚。 네가 쓴 글지기 너무 작이서 잘 못 봤어.
Nǐ xiě zì xiě de tài xiǎo, wǒ méi kàn qīngchu.
学弹钢琴太难，我还没学会呢。 피아노 배우기 너무 어려워. 나 아직도 제대로 못 쳐.
Xué tán gāngqín tài nán, wǒ hái méi xuéhuì ne.

❸ 부사어와 결과보어의 차이

일부 형용사 '早, 晚, 多, 少' 등은 부사어로도 쓰이고 상태보어나 결과보어로도 쓰일 수 있다. 이들의 쓰임을 통해 부사어와 상태보어, 결과보어의 차이를 알아보자.

● 부사어

多吃点！ Duō chī diǎn! 좀 많이 먹어!
晚来了十分钟。 Wǎnláile shí fēnzhōng. 10분 늦었다.

'早, 晚, 多, 少' 등이 부사어로 쓰일 경우 아직 일어나지 않은 일에 대한 명령이나 바람을 나타낼 수 있고, 뒤에 수량보어가 올 경우 일정한 기준보다 그 수량만큼 차이가 난다는 의미가 될 수 있다.

● 상태보어

他吃得很多。 Tā chī de hěn duō. 그는 많이 먹는다.
他来得很晚。 Tā lái de hěn wǎn. 그는 늦게 왔다.

'早, 晚, 多, 少' 등이 상태보어로 사용될 경우 객관적 정도를 나타낸다.

● 결과보어

'早, 晚, 多, 少' 등이 결과보어로 사용될 경우, 이미 일어난 결과에 대한 주관적 감정이 강하게 나타난다.

> 他吃多了。 Tā chīduō le. 그는 많이 먹었다.
> 他来晚了。 Tā láiwǎn le. 그가 늦게 왔다.

1. wán
2. dǒng
3. chéng
4. ×
※결과보어가 쓰인 문장의 부정형은 동사 앞에 '没'를 쓴다.
5. ○
6. 学弹钢琴太难, 我还没学会呢。
7. 不要站在我前面。
8. 네가 확실하게 말하지 않으면, 그가 널 오해할 거야.
9. 마침내 내 지갑을 찾았다.
10. 대도시로 변했다.

연습 문제

■ 다음 단어의 병음을 쓰세요.

1. 完

2. 懂

3. 成

■ 다음 문장이 맞으면 O, 틀리면 X 하세요.

4. 你写字写得太小, 我不看清楚。 (　)

5. 买到了那本书。 (　)

■ 다음 단어들을 어순에 맞게 배열하여 문장을 만드세요.

6. 钢琴 / 弹 / 学 / 难 / 太 / , / 我 / 没 / 还 / 会 / 学 / 呢

7. 前面 / 不要 / 在 / 站 / 我

■ 다음 문장을 해석하세요.

8. 你不说清楚, 他会误会你的。

9. 终于找着了我的钱包。

10. 变成大城市了。

방향보어

방향보어는 동작의 진행방향을 나타내주는 역할을 하며, 크게 단순방향보어와 복합방향보어로 나눌 수 있다.

1. 단순방향보어

❶ A류 : 来, 去

'来/去'는 가장 기본적인 단순방향보어로, 동사 뒤에 쓰여 방향을 나타낸다.

走来 zǒulái 걸어오다	跑来 pǎolái 뛰어오다	拿来 nálái 가져오다
走去 zǒuqù 걸어가다	跑去 pǎoqù 뛰어가다	拿去 náqù 가져가다

❷ B류 : 上, 下, 进, 出, 回, 过, 起, 开

이들 역시 '来, 去'와 마찬가지로 다른 동사 뒤에 붙어 방향을 나타낸다.

走下 zǒuxià 걸어 내려가다
搬进 bānjìn 이사 들어가다
放回 fànghuí 갖다 놓다

2. 복합방향보어

복합방향보어는 단순방향보어들의 결합이라 할 수 있다. 단순방향보어 A류 '来/去'와 B류 '上, 下, 进, 出, 回, 过, 起, 开'를 결합시키면 되는데, 이때 A류 '来/去'가 반드시 뒤에 온다.

上来 shànglái 올라오다	上去 shàngqù 올라가다
下来 xiàlái 내려오다	下去 xiàqù 내려가다
进来 jìnlái 들어오다	进去 jìnqù 들어가다
出来 chūlái 나오다	出去 chūqù 나가다
回来 huílái 돌아오다	回去 huíqù 돌아가다
过来 guòlái 지나오다/건너오다	过去 guòqù 지나가다/건너가다
起来 qǐlái 일어나다	

위의 복합방향보어들이 동사나 형용사 뒤에 붙어 방향을 나타낸다.

拿上来 ná shànglái 들고 올라오다	拿上去 ná shàngqù 들고 올라가다
拿回来 ná huílái 가지고 돌아오다	拿回去 ná huíqù 가지도 돌아가다
开过来 kāi guòlái 운전해 오다	开过去 kāi guòqù 운전해 가다
走进来 zǒu jìnlái 걸어 들어오다	走进去 zǒu jìnqù 걸어 들어가다
热起来 rè qǐlái 더워지기 시작하다	

3. 방향보어와 목적어의 위치

단순방향보어 B류

동사 뒤, 목적어 앞에 쓰여 '동사+보어+목적어' 어순이 된다.

단순방향보어 A류

목적어의 종류에 따라 차이가 있다. 아래에서 살펴보자.

❶ 주어의 의지대로 움직일 수 없는 목적어 : 날씨, 장소 ➡ 목적어+'来/去'

回宿舍去 huí sùshè qù 기숙사로 돌아가다
进办公室来 jìn bàngōngshì lái 사무실로 들어오다.
他走进教室去了。 Tā zǒujìn jiàoshì qù le. 그는 교실로 걸어 들어갔다.
下起雨来了。 Xià qǐ yǔ lái le. 비가 내리기 시작했다.

❷ 주어 의지대로 움직일 수 있는 목적어
목적어가 주어 의지에 따라 옮겨질 수 있는 일반사물일 경우 그 위치가 비교적 자유롭다.

술어가 아직 완료되지 않았거나 명령문 ➡ 목적어+'来/去'

拿筷子来。 Ná kuàizi lái. 젓가락 가져와라. (명령문)
我想带我的孩子去。 난 내 아이를 데리고 가고 싶다.(미완료)
Wǒ xiǎng dài wǒ de háizi qù.

술어가 이미 완료된 동작 ➡ '来/去'+목적어, 목적어+'来/去'

我带来了雨伞。 Wǒ dàiláile yǔsǎn. = 我带雨伞来了。 난 우산을 가져 왔다.

✎ 연습 문제

■ 다음을 해석하세요.

1. 走来

2. 进来

3. 出去

4. 拿回去

■ 해석에 알맞도록 괄호 안을 채우세요.

5. 걸어 나오다: 走(　　　)来

6. 달려오다: 跑(　　　)

■ 다음 문장이 맞으면 O, 틀리면 X 하세요.

7. 下起来了雨。　（　　）

8. 他走进教室去了。（　　）

■ 다음 문장을 해석하세요.

9. 我带雨伞来了。

10. 拿筷子来。

4. 방향보어의 의미

방향보어들의 본래 의미는 단순한 방향을 나타내지만, 그 의미가 확대되어 더욱 다양한 의미로 쓰이기도 한다. 자주 쓰이는 방향보어들을 예로 들어 그들의 본뜻과 확장된 의미까지 함께 알아보기로 하자.

❶ 来
본래는 '오다'의 의미지만, 주로 '看来, 说来, 听来, 想来' 등의 형식으로 쓰여, 말하는 이의 느낌이나 추측을 나타낼 수 있다.

看来他心情不好。 Kànlái tā xīnqíng bù hǎo. 그 사람 기분이 안 좋아 보여.
说来话长。 Shuōlái huà cháng. 말하자면 길다.

❷ 上

본뜻은 낮은 기점에서 위로 올라감을 나타낸다. 확대의미는 다음과 같다.

● 열린 상태에서 닫힌 상태로 변화

请你把窗户关上。 Qǐng nǐ bǎ chuānghu guānshàng. 창문 좀 닫아주세요.
把书合上。 Bǎ shū héshàng. 책을 덮으세요.

● 어떤 대상에 접근하거나, 어려운 목표에 도달

韩国运动员追上了美国运动员。 한국운동선수가 미국선수를 따라잡았다.
Hánguó yùndòngyuán zhuīshàngle Měiguó yùndòngyuán.
考上了大学 kǎoshàngle dàxué 대학에 붙었다

● 새로운 상황에 빠짐

我爱上她了。 Wǒ àishàng tā le. 난 그녀를 사랑하게 되었다.

❸ 下

본 뜻은 높은 기점에서 아래로 향함을 나타내며, 확대된 의미는 다음과 같다.

● 사람이나 사물을 어떤 장소에 고정시켜 머물게 함. 혹은 남겨 둠

在我的脑海里留下了很深刻的印象。 내 머리 속에 깊은 인상을 남겼다.
Zài wǒ de nǎohǎi li liúxiàle hěn shēnkè de yìnxiàng.
剩下的菜能不能带走? 남긴 음식 가져가도 되나요?
Shèngxià de cài néng bu néng dàizǒu?

● 사물을 분리시킴

太热了，脱下大衣吧。 Tài rè le, tuōxià dàyī ba. 너무 덥네요, 외투 벗으세요.

● 수용하는 정도 표시

能装下很多东西。 아주 많은 물건을 담을 수 있다.
Néng zhuāngxià hěn duō dōngxi.

❹ 过

● 어떤 장소를 경유하거나 통과함

学生们穿过操场，回宿舍了。 학생들은 운동장을 거쳐 기숙사로 돌아갔다.
Xuéshengmen chuānguò cāochǎng, huí sùshè le.

● 다른 장소로 옮겨짐

孩子们接过礼物，非常高兴。 아이들은 선물을 건네 받고, 매우 기뻤다.

Háizimen jiēguò lǐwù, fēicháng gāoxìng.

- 방향을 바꿈

  宝宝第一次翻过身抬起头来了。 아기가 처음으로 몸을 뒤집고 머리를 들었다.
  Bǎobao dì yī cì fānguò shēn tái qǐ tóu lái le.

- 적당량을 초과함

  我今天早上睡过了头，上班迟到了。
  Wǒ jīntiān zǎoshang shuìguòle tóu, shàngbān chídào le.
  난 오늘 아침 (정해진 시간보다) 늦잠을 자서, 출근하는데 지각했다.

❺ 过来

- 사물의 위치가 먼 곳에서 가까운 곳으로 전환됨

  他回过头来看了我一眼。 그는 고개를 돌려 나를 한 번 보았다.
  Tā huí guò tóu lái kànle wǒ yì yǎn.

- 원래의 위치나 본래의 정상적 상태로 돌아옴

  他终于醒过来了。 Tā zhōngyú xǐng guòlái le. 그가 마침내 정신을 차렸다.

❻ 过去

가까운 곳에서 먼 곳으로 방향이 전환됨을 나타낸다.

他把我的玩具抢过去了。 그가 내 장난감을 빼앗아 갔다.
Tā bǎ wǒ de wánjù qiǎng guòqù le.

정상적인 상태에서 벗어남을 의미하기도 한다.

差点儿要晕过去了。 Chà diǎnr yào yùn guòqù le. 하마터면 놀라 기절할 뻔 했어.

❼ 起来

본뜻은 '일어나다'이며, 보어로 쓰여 동작이 낮은 곳에서 높은 곳으로 이르게 함을 나타낸다.

站起来！Zhàn qǐlái! 일어나세요!
谁有意见请把手举起来。 의견 있으신 분 손을 들어주세요.
Shéi yǒu yìjiàn qǐng bǎ shǒu jǔ qǐlái.

- 흩어진 것들을 모음

  下雨了，晾在外面的衣服赶紧收起来吧。
  Xià yǔ le, liàng zài wàimiàn de yīfu gǎnjǐn shōu qǐlái ba.
  비 온다, 밖에 널어둔 옷 빨리 걷어오렴.

- 동작이나 상황의 시작

  他突然笑起来了。 Tā tūrán xiào qǐlái le. 그가 갑자기 웃기 시작했다.

刮起风来了。 Guā qǐ fēng lái le. 바람이 불기 시작했다.
好起来了。 Hǎo qǐlái le. 좋아지기 시작했다.

● 추측 및 관찰을 통한 판단

看起来很好吃。 Kàn qǐlái hěn hǎochī. 맛있어 보인다.
看起来他大概二十岁左右。 보아하니 그는 대략 스무 살쯤 되어 보인다.
Kàn qǐlái tā dàgài èrshí suì zuǒyòu.
说起来容易，做起来难。 말하기는 쉬워도, 하기에는 어렵다.
Shuō qǐlái róngyì, zuò qǐlái nán.

● 연상

他的名字叫什么来着? 啊！想起来了。 그 사람 이름이 뭐더라. 아! 생각났다.
Tā de míngzi jiào shénme láizhe? A! Xiǎng qǐlái le.

❽ 下来

'내려오다'의 뜻으로 높은 기점에서 낮은 곳으로 향하게 함을 나타내는데, 그 의미가 확대되어 다음과 같이 쓰이기도 한다.

● 과거에서 현재까지 이어짐

这是从古代继承下来的文化传统。 이것은 고대부터 계승되어 온 문화전통이다.
Zhè shì cóng gǔdài jìchéng xiàlái de wénhuà chuántǒng.

● 상태가 시작되어 점점 발전됨

安静下来了。 Ānjìng xiàlái le. 조용해졌다.

● 분리

请大家把皮鞋脱下来。 Qǐng dàjiā bǎ píxié tuō xiàlái. 여러분 구두는 벗어주세요.

● 사물이 고정되어 머물거나, 어떤 행위가 발생하여 그 결과가 보존됨

上课把老师讲课的内容都记下来了。
Shàngkè bǎ lǎoshī jiǎngkè de nèiróng dōu jì xiàlái le.
수업시간에 선생님께서 강의하신 내용을 모두 적었다.

所有的计划已经定下来了。 모든 계획은 이미 정해졌다.
Suǒyǒu de jìhuà yǐjing dìng xiàlái le.

❾ 下去

● 이미 진행된 동작이 계속 진행

没关系，请你说下去。 괜찮습니다. 계속 말씀하십시오.
Méi guānxi, qǐng nǐ shuō xiàqù.

怎么办，看来天气还要冷下去。　어쩌지, 보아하니 날씨가 계속 추울 거 같아.
Zěnme bàn, kànlái tiānqì hái yào lěng xiàqù.

가능보어

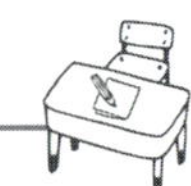

가능보어는 동작이나 상태의 실현 가능성 여부를 나타내는데, 술어와 결과보어/방향보어 등의 중간에 '得/不'가 오는 형식으로 쓰인다.

1. 술어+得/不+결과보어/방향보어

술어와 결과보어/방향보어 중간에 '得'를 넣으면 가능보어가 되고 '不'를 넣으면 불가능 보어가 된다.

听得懂 tīng de dǒng	듣고 이해할 수 있다, 알아들을 수 있다
听不懂 tīng bu dǒng	듣고 이해할 수 없다, 알아들을 수 없다
看得清楚 kàn de qīngchu	잘 보인다
看不清楚 kàn bu qīngchu	잘 안 보인다
听得出来 tīng de chūlái	듣고 알아낼 수(구분해낼 수) 있다
听不出来 tīng bu chūlái	듣고 알아내지(구분해내지) 못하다

因为韩国人和中国人长得很像，所以很难看得出来。
Yīnwèi Hánguórén hé Zhōngguórén zhǎng de hěn xiàng, suǒyǐ hěn nánkàn de chūlái.
한국인과 중국인은 비슷하게 생겨서, 구분해내기 어렵다.

잠깐주목!!

가능보어와 조동사의 차이

조동사 '能'은 가능과 허락의 의미를 나타내므로, 만약 '허락'이 아닌 '가능'의 의미를 나타낸다면, 가능보어와 서로 대체 가능하다.

我能听懂。 Wǒ néng tīngdǒng. 난 알아들을 수 있다.
= 我听得懂。 Wǒ tīng de dǒng.

또한 가능보어 앞에 조동사 '能'을 함께 쓸 수도 있다.

我听得懂。 Wǒ tīng de dǒng. 난 알아들을 수 있다.
= 我能听得懂。 Wǒ néng tīng de dǒng.

하지만 불가능보어의 경우 '不能'으로 대체할 수 없다. 왜냐하면 '不能'은 불가능의 의미보다 금지의 의미가 더욱 강하기 때문이다.

我不能吃完呢。 Wǒ bù néng chīwán ne. 난 다 먹으면 안 된다.
我吃不完。 Wǒ chī bu wán. 난 다 못 먹어.

> ✿ 我能听懂
> =我听得懂。
> = 我能听得懂。

2. 술어+得/不+기타

❶ 술어+得/不+了

'了 liǎo'는 본래 '끝마치다'의 뜻으로 '술어+得了/不了'는 '끝마칠 수 있다/없다, ~해버릴 수 있다/없다'의 의미를 나타낸다.

吃得了 chī de liǎo	다 먹을 수 있다
吃不了 chī bu liǎo	(음식이 너무 많아서)다 먹을 수 없다
忘不了 wàng bu liǎo	잊을 수 없다
受不了 shòu bu liǎo	참을 수 없다

❷ 술어+得/不+动

사람이나 사물의 위치를 이동할 힘이 있는지, 혹은 변화시킬 힘이 있는지 여부를 나타내준다.

走得动 zǒu de dòng	걸어 움직일 수 있다
走不动 zǒu bu dòng	못 걷겠다

太硬了，咬不动。 Tài yìng le, yǎo bu dòng. 너무 딱딱해서 못 씹겠어.

❸ 술어+得/不+来

‘익숙한지, 잘 맞는지’ 등의 의미를 나타낼 수 있다.

他们俩合得来。Tāmen liǎ hé de lái. 그들은 마음이 잘 맞는다.

❹ 술어+得/不+下

사람이나 사물을 수용할 공간이 있음을 나타낸다.

我吃得太多了，吃不下了。　나 너무 많이 먹어서, 더 못 먹겠어요.
Wǒ chī de tài duō le, chī bu xià le.
这个教室很大，坐得下五十个人。　이 교실은 커서 50명은 앉을 수 있다.
Zhège jiàoshì hěn dà, zuò de xià wǔshí ge rén.

❺ 술어+得/不+起

돈이나 자격이 충분한지 여부를 나타낸다.

吃不起 chī bu qǐ　(비싸서) 못 먹다
看不起 kàn bu qǐ　깔보다. 무시하다 = 瞧不起 qiáo bu qǐ
这件衣服太贵了，我买不起。이 옷은 너무 비싸서, 전 못 사요.
Zhè jiàn yīfu tài guì le, wǒ mǎi bu qǐ.
你有很多钱，一定会买得起。可是我买不起啊!
Nǐ yǒu hn duō qián, yídìng huì mǎi de qǐ. Kěshì wǒ mǎi bu qǐ a!
넌 돈이 많아서 분명히 살 수 있겠지. 하지만 난 못 사!

3. 가능보어의 문법특징

p183 참조

❶ 목적어 위치

목적어는 일반적으로 가능보어 뒤에 오며 술어와 보어 사이에 올 수 없다.

我买不起新房子。Wǒ mǎi bu qǐ xīn fángzi.　난 (돈이 부족해서) 새 집을 살 수 없어.

하지만 만약 ‘술어+得/不+복합방향보어’의 형식이라면 주로 목적어를 복합
방향보어 사이 즉, ‘来/去’ 앞에 놓고, 목적어가 길다면 맨 앞에 둔다.

想不起他的名字来。Xiǎng bu qǐ tā de míngzi lái.　그의 이름이 생각 안 난다.
谁是中国人我看不出来。　누가 중국인인지 구분해낼 수 없다.
Shéi shì Zhōngguórén wǒ kàn bu chūlái.

❷ 가능보어를 사용할 수 없는 경우

● ‘把 구문’이나 ‘被 구문’

我把那本书买得到。(✕)　난 그 책을 살 수 있다. (구할 수 있다).
我买得到那本书。(〇) Wǒ mǎi de dào nà běn shū. 난 그 책을 살 수 있다.

- 술어 앞에 '不能'이 있을 경우

他说得太快，我不能听懂。(×)
→ 他说得太快，我听不懂。(○) 그는 말이 빨라서, 내가 못 알아듣겠어.
　　Tā shuō de tài kuài, wǒ tīng bu dǒng.

- 술어 앞에 묘사성 부사어가 있는 경우

술어 전체를 수식하는 시간, 장소, 범위, 대상 등을 나타내는 부사어는 올 수 있지만, 묘사성 부사어는 올 수 없다.

一口吃不成胖子。한 입에 뚱뚱이가 될 수 없다.(첫 술에 배부르랴)
Yì kǒu chī bu chéng pàngzi.

我高高兴兴地做得完作业。(×)
→ 我能高高兴兴地做完作业。(○) 난 즐겁게 숙제를 마칠 수 있다.
　　Wǒ néng gāogaoxìngxìng de zuòwán zuòyè.

> ❄ 첫 번째 예문의 경우 부사어 '一口'가 술어 전체를 수식하므로 가능하지만, 두 번째 예문에서 부사어 '高高兴兴地'는 태도를 묘사해주고 있으므로 가능보어와 함께 쓰일 수 없다.

연습 문제

■ 다음 한국어를 가능/불가능보어를 이용하여 중작 하세요.

1. (또렷하게) 잘 안 보인다. :

2. 걸어 움직일 수 있다. :

3. (음식이 너무 많아서)다 먹을 수 없다. :

■ 다음 문장이 맞으면 O, 틀리면 × 하세요.

4. 我能高高兴兴地做得完作业。

（　　）

5. 他说得太快，我不能听懂。（　　）

■ 괄호 안에 들어갈 단어를 보기에서 고르세요.

> 不起　　不下

6. 这件衣服太贵了，我买（　　　）。

7. 我吃得太多了，吃（　　　）了。

■ 다음 문장을 해석하세요.

8. 他们俩合得来。

9. 这个教室很大，坐得下五十个人。

10. 太硬了，咬不动。

정답

1. 看不清楚
2. 走得动
3. 吃不了
4. ×
　※가능보어가 쓰인 문장에서 술어 앞에 묘사성 부사어는 올 수 없다.
5. ×
　※가능보어와 '不能'은 함께 쓰일 수 없다.
6. 不起
7. 不下
8. 그들은 마음이 잘 맞는다.
9. 이 교실은 커서 50명은 앉을 수 있다.
10. 너무 딱딱해서 못 씹겠어.

동량보어

동량보어는 동사 뒤에서 '수사+동량사' 구조로 동작이나 행위가 진행된 횟수를 나타낸다.

> 来过两次 láiguo liǎng cì 두 번 온 적 있다
>
> 看了一眼 kànle yì yǎn 한 번 힐끔 보았다

让我看一下。 Ràng wǒ kàn yí xià. 제가 좀 볼게요.

1. 동량보어와 목적어 위치

❶ 목적어가 보통명사인 경우 : 동사+동량사+목적어

我看了两遍这部电影。 난 이 영화를 두 번 봤어.
Wǒ kànle liǎng biàn zhè bù diànyǐng.

❷ 목적어가 대명사인 경우 : 동사+목적어+동량사

我见过他一次。 Wǒ jiànguo tā yí cì. 나는 그를 한 번 만난 적 있다.

❸ 목적어가 인명이나 지명인 경우
　： '동사+동량사+목적어' 혹은 '동사+목적어+동량사' 모두 가능

我来过一次中国。 Wǒ láiguo yí cì. 난 중국에 한 번 와봤어.
以前我去过日本一次。　 이전에 난 일본에 한 번 가본 적 있다.
Yǐqián wǒ qùguo Rìběn yí cì.

❹ 동량사가 차용 동량사인 경우 : 동사+목적어+차용 동량사

我打了他一拳。 Wǒ dǎle tā yì quán. 나는 그를 한 대 때렸다.

❀ 차용동량사란 명사를 차용해 와서 동량사로 쓰는 경우를 말한다.

2. 동태조사 '了, 过'의 위치

동사+'了/过'+동량보어

这本书我看过两遍。 Zhè běn shū wǒ kànguo liǎng biàn. 이 책 난 두 번 봤어.

3. 동량보어 부정형

'没(有)'+동사

那个人我只见过一次，没见过两次。
Nàge rén wǒ zhǐ jiànguo yí cì, méi jiànguo liǎng cì.
그 사람 난 한 번 밖에 안 만났어, 두 번 만나지 않았어.

시량보어

시량보어는 시간의 양을 나타내는데, 의미상 둘로 나눌 수 있다. 하나는 '지속된 시간의 양'이며, 또 하나는 '경과된 시간의 양'이다.

1. 지속된 시간의 양

시량보어는 지속성을 가진 동사 뒤에 쓰여, 동작이나 행위가 발생 후부터 지속된 시간의 양을 나타낼 수 있다.

我睡了八个小时。 Wǒ shuìle bā ge xiǎoshí. 난 8시간 동안 잤어.

2. 경과된 시간의 양

동작이 완료된 후 말하는 순간까지 경과된 시간의 양을 나타낸다.

大学毕业三年了，还没找到工作。 대학 졸업한지 3년이 됐는데, 아직 직장을 못 구했다.
Dàxué bìyè sān nián le, hái méi zhǎodào gōngzuò.

他们离婚了一年了。 Tāmen líhūnle yì nián le. 그들은 이혼한지 일 년 됐다.

3. 시량보어와 목적어의 위치

❶ 목적어가 일반명사인 경우

● 동사+목적어+동사+시량보어

我学汉语学了一年。 난 중국어 1년 배웠다.(현재와 관련 없이 발생 후 지속 되어온 시간)
Wǒ xué Hànyǔ xuéle yì nián.
我学汉语学了一年了。 난 중국어 배운지 1년 됐다.(현재까지 경과된 시간)
Wǒ xué Hànyǔ xuéle yì nián le.

● 동사+시량보어+(的)+목적어

我学了一年的汉语。 난 중국어 1년 배웠다.(현재와 관련 없이 발생 후 지속 되어온 시간)
Wǒ xuéle yì nián de Hànyǔ.
我学了一年的汉语了。 난 중국어 배운지 1년 됐다.(현재까지 경과된 시간)
Wǒ xuéle yì nián de Hànyǔ le.

❷ 목적어가 사람인 경우

● 동사+목적어+동사+시량보어

我等他等了半天。 나는 그를 한참 동안 기다렸다.(현재와 관련 없이 발생 후 지속 되어온 시간)
Wǒ děng tā děngle bàntiān.
我等他等了半天了。 나는 그를 기다린 지 한참 되었다.(현재까지 경과된 시간)
Wǒ děng tā děngle bàntiān le.

● 동사+목적어+시량보어

我等了他半天。 난 그를 한참이나 기다렸다.(현재와 관련 없이 발생 후 지속 되어온 시간)
Wǒ děngle tā bàntiān.
我等了他半天了。 나는 그를 기다린 지 한참 되었다.(현재까지 경과된 시간)
Wǒ děngle tā bàntiān le.

❸ 목적어가 장소인 경우 : 동사+목적어+시량보어

我来北京一年了。　Wǒ lái Běijīng yì nián le.　난 베이징에 온지 1년 됐다.

수량보어

수량보어는 비교의 의미를 갖는 문장의 술어 뒤에 쓰여 수량상의 차이를 나타낸다. 술어가 형용사인 경우와 동사인 경우로 나누어 살펴보자.

1. 형용사가 술어인 경우

얼마만큼의 차이가 나는지에 대한 수량표현을 술어인 형용사 뒤에 써준다.

多一公斤 duō yì gōngjīn 1㎏ 많다
多了一公斤 duōle yì gōngjīn 1㎏ 많아졌다
我的橘子比他的多半斤。내 귤이 그의 것보다 반 근 많다.
Wǒ de júzi bǐ tā de duō bàn jīn.
我比他大三岁。　Wǒ bǐ tā dà sān suì. 내가 그보다 세 살 많다.

> ❀ 수량보어가 나타내는 수량은 정확하지 않은 대략의 수를 나타낼 수도 있다.
>
> 重一点。 좀 무겁다.
> Zhòng yì diǎn.
>
> 我比他胖一些。
> Wǒ bǐ tā pàng yì xiē.
> 내가 그보다 좀 더 뚱뚱하다.

2. 동사가 술어인 경우

동사 뒤의 수량사는 대부분 목적어로 쓰인다. 하지만 동사 앞에 '早, 晚, 多, 少' 등의 부사어가 있을 경우 동사 뒤의 수량사는 수량보어가 된다.

목적어로 쓰인 수량사	我吃了一个。Wǒ chīle yí ge. 나는 한 개 먹었다.
수량보어로 쓰인 수량사	我多吃了一个。Wǒ duō chīle yí ge. 나는 한 개 더 먹었다.

'早, 晚, 多, 少' 등의 일부 형용사가 부사어로 쓰일 경우, 동사 뒤에 수량보어가 와서 일정한 기준에 비해 얼마만큼 차이가 남을 나타낸다.

昨天早来了二十分钟。Zuótiān zǎoláile èrshí fēnzhōng. 어제는 20분 일찍 왔다.
多买了两个。　Duō mǎile liǎng ge. 두 개 더 샀다.

이처럼 '早, 晚, 多, 少'가 부사어로 쓰여 이미 일어난 일에 대한 서술을 할 때에는 반드시 수량보어를 써야 하지만, 만약 명령문에 쓰인다면 구체적인 수량보어가 없어도 되며, 주로 다음과 같은 형식으로 쓰인다.

❶ 早/晚+(一)点儿+동사 : 좀 일찍/늦게 ～해라
早点儿睡吧。　Zǎodiǎnr shuì ba. 좀 일찍 자거라.

❷ 多/少+동사+(一)点儿 : 좀 많이/적게 ～해라
多吃点儿吧。　Duō chī diǎnr ba. 좀 많이 먹어라.

연습 문제

■ 다음 괄호 안에 들어갈 알맞은 단어를 고르세요.

> 一眼　一拳　一下

1. 看了(　　　)。

2. 让我看(　　　)。

3. 我打了他(　　　)。

■ 다음 문장이 맞으면 O, 틀리면 X 하세요.

4. 我见过一次他。　　　(　　)

5. 我比他大三岁。　　　(　　)

6. 昨天早二十分钟来了。　(　　)

7. 我等了他半天。　　　(　　)

■ 다음 문장을 해석하세요.

8. 早点儿睡吧。

9. 我比他胖一些。

10. 我只睡了一个小时，我没睡八个小时。

보어 활용~ 회화 쑥쑥!!

한국어의 '못 먹다'는 중국어에서 보어를 이용하여 여러 가지로 표현할 수 있다. 다음 회화를 통해 비교해보자.

吃不了 chī bu liǎo (너무 많아서) 못 먹다
吃不起 chī bu qǐ (돈이나 자격이 없어서) 못 먹다
吃不下 chī bu xià (배가 너무 불러서) 못 먹다

A: 你点了这么多菜，我看我们两个人吃不了啊。
　　Nǐ diǎnle zhème duō cài, wǒ kàn wǒmen liǎng ge rén chī bu liǎo a.
　　음식을 이렇게 많이 시키다니. 우리 둘이 다 못 먹을 거 같은데.

B: 你说什么呢，平时我们吃不起这么贵的菜。今天收了工资，应该好好儿吃一顿啊！
　　Nǐ shuō shénme ne, píngshí wǒmen chī bu qǐ zhème guì de cài. Jīntiān shōule gōngzī,
　　yīnggāi hǎohāor chī yí dùn a!
　　무슨 소리야. 평소에 우린 이렇게 비싼 음식 못 먹잖아. 오늘 월급도 탔는데, 한끼 잘 먹어야지!

A: 我吃饱了，实在吃不下了。
　　Wǒ chībǎo le, shízài chī bu xià le.
　　배부르다. 정말 더는 못 먹겠어.

B: 不行，别浪费，都吃光了吧。
　　Bù xíng, bié làngfèi, dōu chīguāng le ba.
　　안돼. 낭비하지 말고, 남김없이 다 먹어.

HSK 실전 연습문제

■ 다음 병음에 알맞은 단어를 쓰세요.

1   bù dé liǎo

2   yì xiē

3   好(jí le)

4   累(huài le)

5   吃(bu qǐ)

■ 다음 제시된 단어가 들어갈 위치를 고르세요.

6   很快   （ A ）他（ B ）走（ C ）得（ D ）。

7   一年   我（ A ）来（ B ）北京（ C ）了（ D ）。

8   一点   我的行李（ A ）比（ B ）他的（ C ）重（ D ）。

9   没   那个人我（ A ）只（ B ）见过一次，（ C ）见过（ D ）两次。

10 教室   他（ A ）走（ B ）进（ C ）去（ D ）了。

■ 다음 괄호 안에 들어갈 가장 적합한 단어를 고르세요.

11 翻译(   )汉语。
    A 成   B 到   C 于   D 得

12 我睡了(   )。
    A 八点   B 八个小时   C 八分   D 八时间

13 怎么办，看来天气还要冷(   )。
    A 上去   B 上来   C 下去   D 过去

14 他终于醒(   )了。
    A 上去   B 上来   C 过去   D 过来

15 我打了他(   )。
    A 一把   B 一拳   C 一眼   D 脚

■ 다음 밑줄 그은 단어 대신 쓸 수 있는 단어를 고르세요.

16 高兴得<u>要命</u>。　　　　A 死了　　　B 很　　　C 太　　　D 非常

17 听<u>懂</u>了。　　　　　　A 清楚　　　B 完　　　C 明白　　　D 好

18 他汉语说得<u>怎么样</u>？　A 好吗　　　B 什么　　　C 为什么　　D 怎么了

19 我比他胖<u>一些</u>。　　　A 多　　　　B 有点儿　　C 一个　　　D 一点儿

20 我<u>买不起</u>新房子。　　A 没有钱买　B 没有时间买 C 不想买　　D 不买

■ 다음을 중국어로 작문하세요. (괄호 안에 주어진 단어가 있다면 그것을 이용하세요.)

21　일어나세요.

22　두 개 더 샀다.

23　제대로(또렷이) 못 봤어요.

24　(음식이 너무 많아서)다 먹을 수 없다.

25　내가 그보다 세 살 많다.

26　매우 빨리 달린다.

27　놀라서 얼굴색까지 변했다.

28　너무 신난다.(不得了)

29　기숙사로 돌아가다.

30　대학에 붙었다.

HSK 실전 연습문제
정답 및 해설

1   不得了

2   一些

3   极了

4   坏了

5   不起

6   D

7   C

8   D
※내 짐이 그의 짐보다 좀 무겁다.

9   C
※그 사람 난 한 번 밖에 안 만났어, 두 번 만나지 않았어.

10   C
※장소, 날씨 등과 같이 주어 의지대로 움직일 수 없는 목적어는 반드시 '来/去'의 앞에 위치한다.

11   A
※중국어로 번역하다.

12   B
※8시간 잤다.

13   C
※이미 존재하는 상태의 계속 진행을 나타내는 방향보어

14   D
※원래의 위치나 본래의 정상적 상태로 돌아옴을 나타내는 방향보어

15   B
※나는 그를 (주먹으로) 한 대 때렸다.

16   B

17   C

18   A

19   D

20   A

21   站起来！

22   多买了两个。

23   没看清楚。

24   吃不了。

25   我比他大三岁。

26   跑得很快。

27   吓得脸色都变了。

28   高兴得不得了。

29   回宿舍去。
※주어의 의지대로 움직일 수 없는 장소나 날씨 같은 목적어는 반드시 방향보어 '来/去' 앞에 온다.

30   考上了大学。

CHAPTER 10

특수문형

특수문형 

특수문형이란 특수한 문법 성격을 띠고, 특수한 의미나 상황을 나타내는 문형들을 말하며, 중국어에서는 是~的문과 把구문, 피동문, 연동문, 겸어문 등을 예로 들 수 있다.

是~的문

'是~的'문은 문장 가운데의 일부를 강조하거나 말하는 이의 감정을 나타내준다. 주로 강조하는 말 앞에 '是'을 쓰고, 문장 끝에 '的'를 쓴다.

1. 강조 기능

강조를 나타내는 '是~的'문은 이미 완료된 동작에 대해서 말하는 이와 듣는 이가 모두 알고 있는 사실일 경우에만 사용하며, 보통 '是'은 생략할 수 있다.

❶ 시간 강조

이미 어떤 동작이 일어났음을 알고 있으며, 그 시간이 언제인지를 강조하고 싶을 때 사용한다.

你是几点来的? Nǐ shì jǐ diǎn lái de? 몇 시에 온 거야?
我是八点来的。 Wǒ shì bā diǎn lái de. 나 8시에 왔어.

❷ 장소 강조

이미 어떤 일이 발생한 사실은 알고 있으며, 그 장소가 어디인지 강조할 때 사용한다.

你是从哪儿来的? Nǐ shì cóng nǎr lái de? 당신은 어디에서 오셨나요?
我是从韩国来的。 Wǒ shì cóng Hánguó lái de. 난 한국에서 왔어요.

❸ 방식, 도구 강조

你是怎么去他家的? Nǐ shì zěnme qù tā jiā de? 넌 그의 집에 무얼 타고 갔니?
我是打车去的。 Wǒ shì dǎ chē qù de. 난 택시 타고 갔어.
我是用吹风机吹干头发的。   난 드라이기로 머리를 말렸어.
Wǒ shì yòng chuīfēngjī chuīgān tóufa de.

❹ 대상 강조

这是为你准备的。 Zhè shì wèi nǐ zhǔnbèi de. 이건 널 위해 준비한 거야.

❺ 행위자 강조

과거에 일어난 동작의 행위자, 즉 주어를 강조하는 것으로 이런 경우 '是'을 생략할 수 없고 '(목적어)+是+행위자+동사+的' 형식으로 사용한다.

A: 这封信是谁写的。Zhè fēng xìn shì shéi xiě de? 이 편지 누가 쓴 거죠?
B: (这封信)是我写的。(Zhè fēng xìn) Shì wǒ xiě de. 제가 썼어요.

❻ 목적어 강조

목적어를 강조할 경우 '的'를 목적어 앞에 둘 수도 있고, '的'를 목적어 뒤인 문장 끝에 둘 수도 있다.

你是写的什么? 넌 무엇을 썼니? = 你是写什么的?
Nǐ shì xiě de shénme?

我是做的糖醋肉。 난 탕수육을 만들었어. = 我是做糖醋肉的。
Wǒ shì zuò de tángcùròu.

> ✿ 단, 목적어가 인칭대명사인 경우, '的'는 반드시 문장 끝에 쓴다.
>
> 他是问我的。(O)
> Tā shì wèn wǒ de.
> 그는 나한테 물어본 거야.
>
> 他是问的我。(X)

2. 감정표현의 기능

'是~的'문은 말하는 내용을 확신하거나, 상대에게 믿을 것을 강요하는 어감을 나타내는 감정표현의 기능이 있다. 감정표현을 나타내는 경우 '的'는 항상 문장 끝에 온다.

我是十分理解你的。 Wǒ shì shífēn lǐjiě nǐ de. 난 널 정말 이해해.
这件事是我不知道的。 Zhè jiàn shì shì wǒ bù zhīdào de. 이 일은 난 모른다니까요.

1. bānnòng shìfēi
2. lǐjiě
3. zhǔnbèi
4. 这是为你准备的。
5. 你是几点来的?
6. ○
※목적어를 강조하는 '是~的'문
7. ○
※장소를 강조하는 '是~的'문
8. ×
※목적어가 인칭대명사인 경우, '的'는 반드시 문장 끝에 쓴다.
9. 난 택시 타고 갔어.
10. 난 이 일을 모른다.

연습 문제

■ 다음 단어의 병음을 쓰세요.

1. 搬弄是非

2. 理解

3. 准备

■ 다음 단어가 어순에 맞도록 배열하여 문장을 만드세요.

4. 是 / 这 / 你 / 为 / 的 / 准备

5. 是 / 几 / 你 / 的 / 点 / 来 ?

■ 다음 문장이 맞으면 O, 틀리면 X하세요.

6. 我是做的糖醋肉。（　　）

7. 你是从哪儿来的?（　　）

8. 他是问的我。　（　　）

■ 다음 문장을 해석하세요.

9. 我是打车去的。

10. 这件事是我不知道的。

'是' 활용~ 성어 톡톡!!

동사 '是'은 '~이다' 외에도 '옳다'의 뜻이 있으며, '是非'는 '옳고 그름, 시비, 말다툼' 등의 의미를 지니는 명사가 된다.

搬弄是非 bānòng shìfēi 이간질 붙이며 쌍방을 부추겨 시비를 일으키다.

我们单位里有一个喜欢搬弄是非的人, 遇到这样的人是一件倒霉不幸的事儿。
Wǒmen dānwèi li yǒu yí ge xǐhuan bānnòng shìfēi de rén, yùdào zhèyàng de rén shì yí jiàn dǎoméi bú xìng de shìr.
우리 회사에 이간질하고 다니며 시비 일으키길 좋아하는 사람이 하나 있는데, 이런 사람을 만나는 건 정말 운이 없고 불행한 일이야.

把구문

把구문

주어+把+목적어+동사

중국어의 어순은 '주어+동사+목적어'가 일반적인데, 개사 '把'를 쓰면 어순이 바뀐다. '把구문'의 주어는 동작행위의 주체이며, 목적어는 동작행위의 대상이다.

他买那本书了。 → 他把那本书买了。 그는 그 책을 샀다.

> ✿'把구문'을 흔히 '처치문'이라 하는데, 처치문이란 동작행위의 대상이 되는 목적어를 어떤 방식으로 처리 혹은 처치한다는 의미이다. 하지만 모든 문장에서 '把'를 사용할 수 있는 것은 아니며, 把구문을 사용하기 위해선 일정한 조건이 필요하다.

1. '把구문' 목적어의 조건

'把구문'의 목적어는 동작행위의 대상으로, 모호하지 않고 구체적으로 특정한 것을 가리켜야 한다. 따라서 목적어가 '的'를 사용하여 수식을 받거나 지시대명사의 수식을 받는 경우가 많다.

我把你的衣服放在床上了。 난 너의 옷을 침대 위에 놓았다.
Wǒ bǎ nǐ de yīfu fàng zài chuángshàng le.

我把那封信给他了。 Wǒ bǎ nà fēng xìn gěi tā le. 나는 그 편지를 그에게 줬다.

목적어가 '수사+양사+명사'형식을 써서 구체적이지 않은 불특정한 목적어를 나타낸다면, 일반적으로 온전히지 않은 문장으로 본다.

我把一件衣服放在床上了。(×)

我把一封信给他了。(×)

> ✿만약 듣는 이가 대화 과정에서 구체적 수식어가 없어도 무엇을 가리키는지 알 수 있다면 목적어가 관형어나 지시대명사의 수식을 받지 않아도 무방하다.
>
> 请把门关上。
> Qǐng bǎ mén guānshàng.
> 문을 닫아주세요.
>
> 请把嘴张开。
> Qǐng bǎ zuǐ zhāngkāi.
> 입을 벌리세요.

2. '把구문' 동사의 조건

동사는 단독으로 쓰여선 안되고, 반드시 어떻게 처리하는가를 나타내주는 기타성분을 동사 뒤에 써야 한다.

我把那本书买。(×)
我把那本书买了。 Wǒ bǎ nà běn shū mǎi le. 나는 그 책을 샀다.(○)
我要把门关。(×)
我要把门关上。 Wǒ yào bǎ mén guānshàng. 나는 문을 닫는다.(○)

'把구문'의 동사 뒤에는 목적어나 동태조사 '了，着'나 보어, 중첩형식 등 기타성분이 와야 한다. 구체적인 예를 들어 설명해보자.

❶ 把+동작행위의 대상+동사+목적어/수량사

她把门上了锁。 Tā bǎ mén shàngle suǒ. 그녀는 문에 자물쇠를 채웠다.
你不要把这件事告诉我妈妈。 너 이 일을 우리 엄마에게 말하면 안돼.
Nǐ bú yào bǎ zhè jiàn shì gàosu wǒ māma.

我想把这部电影再看一遍。 나는 이 영화를 다시 한 번 보고 싶어.
Wǒ xiǎng bǎ zhè bù diànyǐng zài kàn yí biàn.

❷ 把+동작행위의 대상+동사+동태조사 '了，着'

我把那本书买了。 Wǒbǎnàběnshūmǎile. 난 책을 샀어.
你把这张纸拿着。 Nǐ bǎ zhè zhāng zhǐ názhe. 이 종이 좀 가지고 있으렴.

❸ 把+동작행위의 대상+동사+보어

我要把门关上。 Wǒ yào bǎ mén guānshàng. 난 문을 닫아야 해.
我把作业做完了。 Wǒ bǎ zuòyè zuòwán le. 난 숙제 다 했다.

❹ 把+동작행위의 대상+동사 중첩

我们把这个问题再考虑考虑吧。 우리 이 문제를 다시 고려해 봅시다.
Wǒmen bǎ zhège wèntí zài kǎolü kǎolü ba.

3. 부정부사, 조동사의 위치

일반적으로 부정부사나 조동사는 술어동사 앞이 아닌, '把'앞에 온다.

他从来不把我当做朋友。 그는 지금까지 전혀 날 친구로 여기지 않는다.
Tā cónglái bù bǎ wǒ dāngzuò péngyou.

我没把这个问题问清楚。 난 이 문제를 제대로 물어보지 않았다.
Wǒ méi bǎ zhège wèntí wèn qīngchu.

我想把这部电影再看一遍。 난 이 영화를 다시 한 번 보고 싶다.
Wǒ xiǎng bǎ zhè bù diànyǐng zài kàn yí biàn.

■ 다음 문장이 맞으면 O, 틀리면 X 하세요.

1. 我把有一封信给他了。 ( )

2. 我把这本书看过。 ( )

3. 看来我把今天的作业做不完。
( )

4. 我把作业做完了。 ( )

5. 我把那本书买。 ( )

■ 다음 단어들을 어순에 맞게 배열하여 온전한 문장을 만드세요.

6. 我 / 这个问题问 / 把 / 没 / 清楚

7. 我 / 这部电影 / 把 / 想 / 看 / 再 / 一遍

■ 다음 문장을 해석하세요.

8. 我想把这部电影再看一遍。

9. 我把那封信给他了。

10. 请把嘴张开。

피동문

피동표시를 나타내는 개사로 '被, 让, 叫, 给'등이 있으며, 가장 대표적인 피동표시 개사 '被'를 쓴 문장으로 被구문이 있다.

1. 被구문

주어+被+목적어+동사+기타성분

여기에서 주어란 '동작행위를 당하는 대상'을 말하며, 목적어는 '동작행위의 주체'를 나타낸다.

小偷偷走了钱包。　도둑이 지갑을 훔쳐갔다.
Xiǎotōu tōuzǒule qiánbāo.

→ 钱包被小偷偷走了。　지갑이 도둑에게 훔쳐감을 당했다.(지갑을 도둑에게 도둑맞았다.)
　Qiánbāo bèi xiǎotōu tōuzǒu le.

❶ '被구문'의 주어
'被구문'의 주어는 어떤 일을 당하는 대상이므로, 주어가 대체로 구체적인 특정한 명사이거나, 듣는이가 알고 있는 명사이어야 한다.

他被狗咬了。Tā bèi gǒu yǎo le. 그는 개에게 물렸다.

我的杯子被他打碎了。Wǒ de bēizi bèi tā dǎsuì le. 내 컵은 그가 깨뜨렸다.

那个孩子被哥哥打了。Nàge háizi bèi gēge dǎ le. 그 아이는 형에게 맞았다.

❷ '被구문'의 술어

被구문의 동사는 단독으로 쓰일 수 없고, 동사 뒤에 반드시 결과를 나타내는
동태조사 '了, 过' 혹은 보어 등의 기타 성분이 와야 한다.

窗户被风吹开了。Chuānghu bèi fēng chuīkāi le. 창문이 바람에 열렸다.

我的女朋友被他抢走了。　내 여자친구를 그에게 빼앗겼겠다.
Wǒ de nǚpéngyou bèi ta qiǎngzǒu le.

我新买的衣服被妈妈看见了。　내가 새로 산 옷을 엄마에게 들켰다.
Wǒ xīn mǎi de yīfu bèi māma kànjiàn le.

❸ '被구문'의 목적어

동작행위의 주체인 被구문의 목적어는 굳이 밝힐 필요가 없거나 정확히 지적
할 수 없다면 '人'으로 대체하거나, 생략해도 무방하다.

那本书被人借走了。Nà běn shū bèi rén jièzǒu le. 그 책은 누가 빌려갔다.

我的钱包被偷走了。　내 지갑을 (누군가에게) 도둑맞았다.
Wǒ de qiánbāo bèi tōuzǒu le.

❹ '被구문'에서 부사나 조동사의 위치

부정부사나 조동사는 '被'의 앞에 온다.

我从来没被人骂过。나는 지금까지 누구에게 욕 먹어본 적 없다.
Wǒ cónglái méi bèi rén màguo.

她又被妈妈骂了一顿。그녀는 또 엄마에게 혼났다.
Tā yòu bèi māma màle yí dùn.

不能被别人看到。Bù néng bèi biérén kàndào. 다른 사람에게 들켜선 안 된다.

2. 让, 叫, 给의 피동문

❶ 让, 叫를 사용한 피동문

'被구문'과 마찬가지로 원치 않은 어떤 일이 발생했음을 나타낸다.

那本书让人借走了。Nà běn shū ràng rén jièzǒu le. 그 책을 누가 빌려갔다.

他叫车撞了。Tā jiào chē zhuàng le. 그가 차에 치었다.

'被구문'은 '被' 뒤의 동작 주체를 생략할 수 있지만, '让, 叫'는 뒤에 오는 동작 주체를 절대 생략할 수 없다.

那本书被借走了。Nà běn shū bèi jièzǒu le. (O)

那本书让借走了。Nà běn shū ràng jièzǒu le. (×)

他叫撞了。Tā jiào zhuàng le. (×)

❷ 给를 사용한 피동문

'给'를 사용한 피동문도 기본적으로 '被, 让, 叫'와 같다.

我给他骗了。Wǒ gěi tā piàn le. 난 그에게 속았다.

窗户给风吹开了。Chuānghu gěi fēng chuīkāi le. 창문이 바람에 열렸다.

회화에서는 흔히 '주어+被+목적어+给+동사' 형식으로 '被/让'과 함께 쓰이기도 한다.

我的自行车被他给偷走了。 내 자전거 그가 훔쳐갔다.

Wǒ de zìxíngchē bèi tā gěi tōuzǒu le.

我的手机让他给弄坏了。 내 핸드폰을 그가 망가뜨렸다.

Wǒ de shǒujī ràng tā gěi nònghuài le.

피동문의 동작 주체 생략

'让, 叫'가 뒤에 오는 동작의 주체를 생략할 수 없는 것과 달리, '被, 给'는 뒤에 오는 동작 주체를 생략할 수 있다.

孩子被吓哭了。Háizi bèi xiàkū le. 아이가 (누군가에게) 놀라서 울었다.(O)

孩子给吓哭了。Háizi gěi xiàkū le. (O)

孩子让吓哭了。(×)

孩子叫吓哭了。(×)

■ 다음 문장이 맞으면 O, 틀리면 ✕ 하세요.

1. 他叫撞了。(　　)

2. 那本书让人借走了。(　　)

3. 那本书被借走了。(　　)

4. 窗户被风吹得开。(　　)

■ 다음 단어를 어순에 맞게 배열하여 온전한 문장을 만드세요.

5. 从来 / 我 / 过 / 被 / 人 / 没 / 骂

6. 车 / 被 / 他 / 撞 / 了

7. 被 / 他 / 狗 / 咬 / 了

■ 다음 문장을 해석하세요.

8. 孩子给吓哭了。

9. 我给他骗了。

10. 窗户被风吹开了。

연동문

'连动'이란 두 개 이상의 동사가 연이어 나온다는 의미로, '연동문'은 하나의 주어에 두 개 이상의 동사가 술어가 되는 문형을 말한다.

昨晚我们都去外面吃了一顿饭。　어제 저녁 우린 모두 밖에 나가서 식사를 했다.
Zuówǎn wǒmen dōu qù wàimiàn chīle yí dùn fàn.

1. 연동문이 나타내는 의미

❶ 동작의 선후관계
제1동사가 일어난 후 제2동사가 시작됨을 나타낸다.

我们出去玩吧。Wǒmen chūqù wánr ba.　우리 나가 놀자.
我们吃了饭再工作吧。　우리 밥 먹고 나서 일합시다.
Wǒmen chīle fàn zài gōngzuò ba.

❷ 수단, 방식
제1동사구가 수단이나 방식을 나타낸다.

坐地铁上班 zuò dìtiě shàngbān　지하철을 타고 출근한다.
他不喜欢用信用卡买东西。　그는 신용카드로 물건 사는걸 싫어한다.
Tā bù xǐhuan yòng xìnyòngkǎ mǎi dōngxi.

❸ 목적

연동문의 두 개의 동작 중에, 한 동작이 다른 동작의 목적이 된다.

我去市场买菜。 난 시장에 가서 장을 봐. (난 장보러 시장에 가.)
Wǒ qù shìchǎng mǎi cài.

你还是看病去医院吧。 너 진찰하러 병원 가는 게 좋겠다.
Nǐ háishi kànbìng qù yīyuàn ba.

이처럼 목적을 나타내는 연동문의 동사 중 하나는 '来/去'로 이루어진다. 이러한 연동문의 일부는 '목적'뿐 아니라 동시에 다른 의미도 나타낼 수 있다.

骑自行车去 qí zìxíngchē qù ①자전거를 타고 가다(수단)   ②자전거를 타러 가다(목적)

❹ 조건이나 존재

주로 '有+목적어+동사구' 형식을 써서 이루어지므로 '有자문'이라고도 한다.

有什么办法能提高成绩？ 성적을 올릴 수 있는 무슨 방법 있나요?
Yǒu shénme bànfǎ néng tígāo chéngjì?

你没有权利决定。 Nǐ méi yǒu quánlì juédìng. 넌 결정할 권리가 없다.

我没有时间跟你玩儿。 Wǒ méi yǒu shíjiān gēn nǐ wánr. 난 너랑 놀 시간 없어.

2. 연동문의 문법특징

❶ 동태조사 '了, 着, 过'의 위치

완료 동태조사 '了₁'

● '제1동사+了₁+제2동사'

제1동사가 완료된 후에야 비로소 제2동사가 시작됨을 강조하는 문형이다. 이때 '了₁'가 아닌 '过'를 쓰기도 하는데 이때의 '过'는 경험을 나타내는 동태조사가 아닌, 완료를 나타내는 동태조사이다.

我们吃了饭再工作吧。 우리 식사하고 나서 일합시다.
Wǒmen chīle fàn zài gōngzuò ba.

● '제1동사+제2동사+了₁'

대부분 제2동사가 제1동사의 목적을 나타내는 경우이다.

我去图书馆借了很多书。 나는 도서관에 가서 많은 책을 빌렸다.
Wǒ qù túshūguǎn jièle hěn duō shū.

他去北京旅游了。 Tā qù Běijīng lǚyóu le. 그는 베이징으로 여행 갔다.

경험 동태조사 '过'

● '제1동사+제2동사+过'

我来这儿买过鞋。 Wǒ lái zhèr mǎiguo xié. 난 여기 와서 신발을 산 적이 있다.

● '제1동사+着+제2동사'

제1동사가 제2동사의 동작 진행 방식을 나타내준다.

不要躺着吃。 Bú yào tǎngzhe chī. 누워서 먹지 마라.

走着去吧。 Zǒuzhe qù ba. 걸어서 갑시다.

❷ 부사의 위치

부정부사나 일반부사 모두 제1동사 앞에 온다.

别坐着睡觉。 Bié zuòzhe shuìjiào. 앉아서 자지 마라.

以后常常来我家玩儿吧。 앞으로 자주 저희 집 놀러오세요.
Yǐhòu chángcháng lái wǒ jiā wánr ba.

정답

1. 别坐着睡觉。

※부정부사나 일반부사 모두 제1동사 앞에 오며, 동태조사 '着'는 제1동사 뒤에 온다.

2. 我来这儿买过鞋。

※경험을 나타내는 동태조사 '过'는 제2동사 뒤에 온다.

3. ○

4. ×

※동사구 뒤에 보어가 있다면, '去/来(+장소)+동사구' 형식을 쓴다.

5. ○

※부정부사나 일반부사 모두 제1동사 앞에 온다.

6. 了

※'우리 저녁 먹고 나서 가자'의 의미로 제1동사가 완료된 후에 비로소 제2동사가 일어남을 강조할 때, 제1동사 뒤에 완료를 나타내는 동태조사 '了'를 쓴다.

7. 着

8. 걸어 갑시다.

9. 넌 결정할 권리가 없다.

10. 자전거를 타고 가다.

연습 문제

■ 다음 보기의 단어들을 어순에 맞도록 배열하여 올바른 문장을 만드세요.

1. 着 / 睡觉 / 别 / 坐

→

2. 我 / 这儿 / 来 / 过 / 买 / 鞋

→

■ 다음 문장이 맞으면 O, 틀리면 X하세요.

3. 我想去看一个现在最受欢迎的电影。( )

4. 我一定要问清楚去。( )

5. 以后常常来我家玩吧。( )

■ 다음 연동문의 괄호 안에 들어갈 적당한 단어를 보기에서 고르세요.

了　着

6. 我们吃( )晚饭去吧。

7. 不要躺( )吃。

■ 다음 문장을 해석하세요.

8. 走着去吧。

9. 你没有权利决定。

10. 骑自行车去。

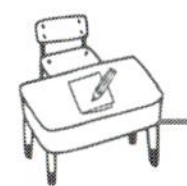

겸어문이란 전체 문장의 목적어가 뒤에 나오는 술어의 주어를 겸하는 문장이다. 다시 말해, 술어 안에 두 개의 동사가 있는데, 제1동사의 목적어가 제2동사의 주어 역할을 겸하는 문장을 겸어문이라 한다.

老师让我回答问题。　선생님께서 나에게 질문에 대답하라 하신다.
Lǎoshī ràng wǒ huídá wèntí.

> ✿ 예문의 전체술어는 '让我回答问题'이며, 이 술어 안에는 두 개의 동사가 있다. '我'는 제1동사 '让'의 목적어, 제2동사 '回答'의 주어를 겸하고 있다.

1. '사역'의 의미를 갖는 겸어문

사역의 기본적 의미는 '~로 하여금 ~하게하다'이며, '명령'이나 '권유'도 넓은 의미의 사역으로 볼 수 있다. 사역의 의미를 갖는 겸어문에서는 제1동사가 사역의 의미를 나타내는 동사이다. 가장 대표적인 사역동사는 '让, 叫, 使, 令'이다.

❶ 让

'让'은 피동문에도 쓰일 수 있고, 사역동사로도 쓰일 수 있다. 사역동사로 쓰이면 '~로 하여금 ~하게하다'라는 의미가 된다.

对不起，让您久等了。　오래 기다리게 해서 죄송합니다.
Duì bu qǐ, ràng nín jiǔ děng le.

谁让你吃的？ Shéi ràng nǐ chī de? 누가 너더러 먹으라고 했지?

妈妈不让我出去玩。　엄마가 날 나가 놀지 못 하게 한다.
Māma bú ràng wǒ chūqù wánr.

잠깐주목!!

'让'의 다른 의미

'让'은 다음과 같은 경우 사역의 의미가 약해진다.

❶ 让+我/我们+동사

다른 사역동사와 달리 일인칭 대명사인 '我, 我们'이 겸어가 될 수 있으며, 이 경우 상대의 허락을 구하거나 말하는 이의 희망을 나타내준다.

让我尝尝。　àng wǒ chángchang. 제가 맛 좀 볼게요.

让我过去一下。 Ràng wǒ guòqù yí xià. 좀 지나갈게요.(비켜주세요)

❷ 让+人+동사

'让'의 목적어가 '人'일 경우, 주로 화자(말하는 이) 자신이나 자신을 포함한 일반적인 사람의 느낌, 감정을 표현할 때 쓴다.

真让人头疼。 정말 골치 아파.(정말 사람 골치 아프게 만드는군)
Zhēn ràng rén tóuténg.

真让人生气。 Zhēn ràng rén shēngqì. 정말 화난다.(정말 사람 화나게 만드는군)

❷ 叫

'叫'는 '让'과 마찬가지로 피동문에도 쓰일 수 있으며 사역동사로도 쓰일 수 있다. 사역동사로 쓰여 '~를 불러서 ~하라고 하다, ~에게 ~을 시키다'의 의미를 갖는다. 따라서 '叫'의 뒤에는 주로 동작동사가 온다.

妈妈叫我去洗衣服。 엄마가 나에게 가서 빨래하라고 시켰다.
Māma jiào wǒ qù xǐ yīfu.
金老师叫他去办公室。 김 선생님께서 그에게 사무실로 가라고 하셨다.
Jīn lǎoshī jiào tā qù bàngōngshì.

❸ 使

'~로 하여금 ~하게 하다'라는 뜻으로, 주로 문어체에서 쓰이며, 뒤에 동작동사보다는 비동작동사가 많이 온다.

这件事使我感到很意外。 이 일은 의외로 느껴진다.
Zhè jiàn shì shǐ wǒ gǎndào hěn yìwài.
虚心使人进步，骄傲使人落后。 겸손은 사람을 발전시키고, 교만은 사람을 낙후시킨다.
Xūxīn shǐ rén jìnbù, jiāo'ào shǐ rén luòhòu.

❹ 令

동사 '令'의 본래 의미는 '명령하다', '~에게 시키다'의 의미이며, 사역동사로 쓰일 경우 뒤에는 주로 사람의 감정을 나타내는 동사가 온다.

令人愉快。 Lìng rén yúkuài. 사람을 유쾌하게 하다.
令人深思。 Lìng rén shēnsī. 사람을 깊이 생각하게 하다.
令我失望。 Lìng wǒ shīwàng. 날 실망시키다.

2. 호칭이나 인정의 의미를 갖는 겸어문

호칭이나 인정의 의미를 갖는 겸어문의 제 1동사로 쓰이는 동사는 '叫, 称, 选, 认, 骂' 등이며, 제 2동사는 주로 '为, 当, 做, 是'이 쓰인다.

我们应该选谁当代表呢? 우리는 누굴 대표로 뽑아야 하지?
Wǒmen yīnggāi xuǎn shéi dāng dàibiǎo ne?
老师称他为伟人。 Lǎoshī chēng tā wéi wěirén. 선생님은 그를 위인이라 불렀다.
他骂我是个乞丐。 Tā mà wǒ shì ge qǐgài. 그는 내게 거지라고 욕했다.

3. 겸어문의 문법 특징

❶ 동태조사 '了, 着, 过'
겸어문의 첫 번째 동사가 사역동사 '让, 叫, 使'일 경우, 이들 뒤에는 동태조사 '了, 着, 过'가 올 수 없다.
老师让了我回答问题。(✕)
사역동사 '让, 叫, 使' 외의 겸어문 동사가 원인이나 결과를 나타내는 문장에 쓰일 경우에는, 겸어문 첫 번째 동사 뒤에 동태조사 '了₁'이 올 수도 있다.

我们这儿人手不够，单位就派了两个人来帮助我们。
Wǒmen zhèr rénshǒu bú gòu, dānwèi jiù pàile liǎng ge rén lái bāngzhù wǒmen.
이 곳 일손이 부족해서, 회사에서 두 명을 보내 우리를 돕도록 했다.

❷ 조동사와 부정부사의 위치

조동사와 부정부사는 일반적으로 겸어문의 첫 번째 동사 앞에 온다.

如果你爱的人要走，你会让他走吗?
Rúguǒ nǐ ài de rén yào zǒu, nǐ huì ràng tā zǒu ma?
만약 당신이 사랑하는 사람이 떠나려 한다면, 당신은 그를 떠나도록 할 수 있나요?

我想请他来我家吃顿饭。 나는 그를 우리 집에 와서 식사하도록 청하고 싶다.
Wǒ xiǎng qǐng tā lái wǒ jiā chī dùn fàn.

妈妈不让我出去玩儿。 엄마는 날 밖에 나가 놀지 못 하게 한다.
Māma bú ràng wǒ chūqù wánr.

연습 문제

■ 다음 단어의 병음을 쓰세요.

1. 使

2. 叫

3. 让

4. 派

■ 다음 문장이 맞으면 O, 틀리면 X 하세요.

5. 老师让了我回答问题。 (　　)

6. 令我失望。 (　　)

7. 如果你爱的人要走，你让他会走吗? (　　)

■ 다음 문장을 해석하세요.

8. 真让人头疼。

9. 对不起，让您久等了。

10. 虚心使人进步，骄傲使人落后。

HSK 실전 연습문제

■ 다음 병음에 알맞은 단어를 쓰세요.

1　ràng

2　jiào

3　shǐ

4　lìng

5　bèi

■ 다음 괄호 안에 들어갈 가장 적합한 단어를 고르세요.

6　老师(　　)他为伟人。
　A 称　　　　　　　B 被　　　　　　　C 派　　　　　　　D 使

7　我是八点来(　　)。
　A 了　　　　　　　B 的　　　　　　　C 吗　　　　　　　D 呢

8　我(　　)你的衣服放在床上了。
　A 把　　　　　　　B 给　　　　　　　C 被　　　　　　　D 让

9　钱包(　　)小偷偷走了。
　A 把　　　　　　　B 给　　　　　　　C 被　　　　　　　D 让

10　走(　　)去吧。
　A 了　　　　　　　B 过　　　　　　　C 的　　　　　　　D 着

■ 다음 제시된 단어가 들어갈 위치를 고르세요.

11　了　　　　　　　我们吃（ A ）晚饭（ B ）去（ C ）吧（ D ）。

12　没　　　　　　　（ A ）我（ B ）把这个问题（ C ）问（ D ）清楚。

13　过　　　　　　　我（ A ）来（ B ）这儿买（ C ）鞋（ D ）。

14　不能　　　　　　（ A ）被（ B ）别人（ C ）看（ D ）到。

15　着　　　　　　　不（ A ）要（ B ）躺（ C ）吃（ D ）。

16 那本书<u>让</u>人借走了。　　A 把　　B 使　　C 被　　D 令

17 老师<u>要求</u>我们认真学习。　　A 被　　B 叫　　C 给　　D 派

18 <u>令</u>我失望。　　A 被　　B 给　　C 把　　D 让

19 这件事<u>使</u>我感到很意外。　　A 被　　B 给　　C 把　　D 让

20 妈妈<u>叫</u>我去洗衣服。　　A 被　　B 给　　C 让　　D 把

■다음을 중국어로 작문하세요. (괄호 안에 주어진 단어가 있다면 그것을 이용하세요.)

21 난 그에게 속았다.(给)

22 제가 맛 좀 볼게요.(让)

23 컵은 그가 깨뜨렸다.(被)

24 사람을 깊이 생각하게 하다.(令)

25 그가 내게 그녀에 대해 단념하라고 권했다.(死心)

26 도서관 맞은 편은 식당이다

27 엄마가 나에게 가서 빨래하라고 시켰다.(叫)

28 우리 식사하고 나서 일합시다.

29 엄마가 나에게 유학 가라고 하신다.(让)

30 나는 그에게 우리 집에 오라고 청했다.

HSK 실전 연습문제
정답 및 해설

1 让

2 叫

3 使

4 令

5 被

6 A
※선생님은 그를 위인이라 칭했다.

7 B
※나 8시에 왔어. '是~的'용법

8 A
※난 너의 옷을 침대 위에 놓았다.

9 C
※지갑을 도둑에게 도둑 맞았다.

10 D
※걸어 갑시다.

11 A
※제1동사가 완료된 후 제2동사가 일어남을 강조할 때, 제1동사 뒤에 완료 동태조사 '了'를 쓴다.

12 B
※부정부사는 '把' 앞에 쓴다.

13 C
※연동문에서 경험을 나타내는 동태조사 '过'는 제2동사 뒤에 온다.

14 A
※부정부사나 조동사는 '被' 앞에 온다.

15 C
※연동문에서 '着'는 제1동사 뒤에 쓴다.

16 C
※피동문이며 '그 책을 누가 빌려갔다.'로 해석할 수 있다.

17 B
※사역의 의미

18 D
※사역의 의미

19 D
※사역의 의미

20 C
※나에게 가서 빨래하라고 시켰다.

21 我给他骗了。

22 让我尝尝。

23 杯子被他打碎了。

24 令人深思。

25 他劝我对她死心。

26 图书馆对面是食堂。

27 妈妈叫我去洗衣服。

28 我们吃了饭再工作吧。

29 妈妈让我去留学。

30 我请他来我家。